STRASBOURG ET L'ALSACE,

OU

CHOSES MÉMORABLES DES VIEUX TEMPS.

STRASBOURG ET L'ALSACE,

OU

CHOSES MÉMORABLES

DES VIEUX TEMPS.

PAR

M. LE CH.ER DE KENTZINGER,

MAIRE DE STRASBOURG.

STRASBOURG,

DE L'IMPRIMERIE DE F. G. LEVRAULT.

1824.

PRÉFACE.

Nous cédons à la demande très-instante qui nous a été faite, de publier par la voie de l'impression quelques notices auxquelles on a pensé que les habitans de Strasbourg et de l'Alsace attacheraient quelque prix. Ce sont des fragmens de l'histoire de notre pays : ils sont sans suite, sans analogie et sans rapports; mais les événemens appartiennent au sol qui nous a vus naître, et c'est sur ce sentiment que l'on a basé l'intérêt dont on les a crus susceptibles. Nous désirons que l'on ne se soit pas trompé, et dans tous les cas nous sollicitons du public la même indulgence qu'il a accordée à nos productions précédentes.

STRASBOURG ET L'ALSACE,

ou

CHOSES MÉMORABLES DES VIEUX TEMPS.

wwwwwwwwwwww

SUR L'ÉTABLISSEMENT DU CHRISTIANISME EN ALSACE.

Il nous paraît démontré que Strasbourg existait chez les Celtes, sous le nom d'*Argentorat,* long-temps avant la naissance de Jésus-Christ; que son enceinte renfermait un bois consacré à Ésus, qui était le Dieu de la guerre; que les peuples voisins, et surtout ceux de la basse Alsace, venaient y offrir leurs sacrifices : mais nous ne pouvons pas constater l'époque véritable où les bords du Rhin furent visités pour la première fois par les serviteurs du saint évangile.

Si nous en croyons Hertzog, ce fut soixante ans après la naissance de Jésus - Christ que S. Materne, acompagné de ses disciples Valère et Eucharie, vint en Alsace pour y établir l'empire de la religion chrétienne. Cet auteur

d'une très-ancienne chronique prétend qu'a-
près avoir converti un grand nombre de personnes qui reçurent successivement le baptême, S. Materne se rendit à Ébersmunster,
y détruisit l'idole qu'on y adorait, et y éleva
un temple au christianisme; qu'il vint à Strasbourg pour y prêcher l'Évangile; que, les
habitans ayant mal répondu à ses intentions,
ses remontrances les portèrent à le chasser de
la ville, ainsi que ses disciples. Hertzog ajoute,
que S. Materne revint à Strasbourg sur les vifs
regrets qu'éprouvèrent les habitans de l'avoir
mal accueilli, qu'il y fit alors de nombreux
prosélites, et fonda l'église de S. Pierre-le-
vieux, que l'on doit regarder comme la première qui y fut élevée au christianisme.

L'auteur de l'estimable Histoire de l'église
de Strasbourg, M. l'abbé Grandidier, semble
fortifier la confiance que l'on peut devoir à
Hertzog. Dans son Essai sur la Cathédrale de
cette ville, il dit que le culte d'Hercule ne
s'éteignit pas entièrement par les lumières du
christianisme, et que le zèle de S. Materne,
apôtre de l'Alsace, ne put faire justice entière
de l'idolâtrie dans la ville de Strasbourg. M.
l'abbé Grandidier pose même en fait que le

temple d'Hercule n'y fut abattu que vers l'an 349, quelques années après que S. Amand fut envoyé par le Pape dans cette ville pour y établir le siége épiscopal des Triboques.

Il paraît difficile de douter, non pas du règne absolu du christianisme en Alsace, mais au moins de la présence et de l'action d'un grand nombre de chrétiens dès le premier siècle, c'est-à-dire qu'il se trouvait dans cette province, non des communes entières pratiquant la religion chrétienne, mais un bon nombre de fidèles épars dans la vaste étendue des deux Germanies.

Quant à l'établissement de la religion chrétienne en Alsace au deuxième siècle, il est démontré par des documens de l'authenticité la plus respectable : si nous parlons de l'établissement de cette religion, il s'agit de la grande faveur qu'elle obtint alors, des progrès sensibles que surent lui ménager le zèle et les efforts des hommes apostoliques qui se trouvaient en Alsace dans ces temps, et qui parvinrent à y élever plusieurs églises.

Irénée, évêque de Lyon, successeur de Photin, qui mourut, en 177, victime de la première persécution suscitée contre les chrétiens sous Marc-Aurèle, est un sûr garant de cette vérité. Il combattait les hérétiques dont les erreurs affligeaient les temps où il vécut. Voici le langage qu'il leur tint :

« L'Église, qui est répandue *par toute la « terre*, conserve avec soin la foi que nous « prêchons.... Quoique dans le monde les « langues soient bien différentes, la vertu de « la tradition est une et la même partout. « Les églises qui *sont fondées dans les Ger-« manies*, ne croient pas et n'enseignent pas « autrement ; celles d'Espagne, des Gaules, « d'Égypte et de la Libye, celles d'Orient et « celles qui sont au milieu de l'univers, n'ont « pas une doctrine différente. »

On doit donc croire, comme l'observe le père Laguille dans son Histoire d'Alsace, que, du temps de l'évêque Irénée, qui, siégeant à Lyon, devait très-certainement être instruit de l'état des choses dans notre province, il n'était pas question d'églises naissantes et qui eussent été fondées de son temps ; mais d'églises établies, de manière que l'autorité de leurs traditions et de leur croyance pouvait servir à instruire, à détromper et à convaincre ceux qui attaquaient la vraie foi.

Le texte grec marque expressément les *Germanies*, et il est hors de doute que du temps d'Irénée on appelait ainsi les deux provinces romaines situées sur les bords du Rhin, et dans lesquelles l'Alsace était comprise : l'une était la Germanie première ou supérieure, et l'autre la seconde ou l'inférieure; et Argentorat était, après Mayence, la principale des villes de la première Germanie.

Tertullien qui, par ses écrits, a acquis une si grande célébrité sous l'empereur Sévère et sous Antonin Caracalla, depuis 194 jusqu'à l'année 216, mais qui leur survécut, puisque S. Jérôme nous apprend qu'il atteignit une extrême vieillesse; Tertullien, écrivant, en 209, ses livres contre les Juifs, employa contre eux les mêmes armes que celles auxquelles eut recours Irénée dans ses doléances contre les hérétiques. Il nomma, de même, principalement *les Germanies* parmi les contrées où la doctrine du Christ se trouvait établie.

Urzin (Zacharie), l'un des plus célèbres théologiens qui aient vécu dans le parti réformé, au seizième siècle, et qui s'est livré sous ce rapport à des investigations très-étendues, parlant des mêmes lieux, dit : *Non dubium est quin et ibi essent aliquœ eccle-siœ Christo deditœ.*

Il n'y eut sans doute aucune partie des Gaules où le maintien de la doctrine chrétienne éprouvât plus d'entraves qu'en Alsace : outre que cette province se trouva enveloppée dans les persécutions qui affligeaient les chrétiens dans les communes lyonnaises, elle n'en fut pas même entièrement affranchie lorsque, sous Constantin le Grand, tout l'empire romain s'en vit exempt. Sa position l'exposait aux fréquentes invasions des peuples barbares ; bouleversée et ravagée de toute manière, elle voyait disparaître à la fois ses institutions religieuses et politiques ; et on peut dire avec vérité que ce ne fut qu'après la victoire mémorable que Clovis remporta sur ces mêmes barbares, en 496, que la lumière de l'Évangile brilla d'un éclat véritable, et se conserva par les soins et l'assistance des Francs.

Ce fut Clovis qui, en 504, fit jeter les premiers fondemens de l'église Notre-Dame de Strasbourg: c'est ainsi que la cathédrale était appelée dans son origine. Elle fut achevée en 510, parce que, suivant la manière de bâtir de ce temps, elle n'était qu'en bois.

Dagobert I.ᵉʳ, Pépin, Charlemagne et Dagobert II, héritèrent du zèle de Clovis pour la
propagation de la foi, et firent à son avantage
des fondations considérables dans le pays.

Le premier évêque de Strasbourg fut incontestablement S. Amand, et cela avant 346; car
le concile de Sardique, tenu en 347, rapporte
les noms de trente-quatre évêques déjà existans
alors dans les Gaules, dans le nombre des-
quels se trouve S. Amand; et le concile de
Cologne, tenu en 346, déclare que S. Amand
était alors évêque de Strasbourg.

ARIOVISTE ET JULES CÉSAR.

(L'an de la fondation de Rome 694, cinquante-huit
ans avant Jésus-Christ.)

Des intérêts frivoles, des froissemens de
l'amour-propre, de vaines prétentions de suprématie, donnèrent ouverture aux événemens
les plus graves, à une époque où l'esprit de
faction agitait le plus grand nombre des provinces gauloises.

Les habitans de la haute Alsace, alors les
Séquaniens, et leurs alliés les Auvergnats,
vivaient en état d'hostilité avec les Éduens,
aujourd'hui les Autunois, anciens amis des
Romains, et que le sort de la guerre avait favo-
risés. Cet état des choses durait depuis quelques années, et, la prépondérance des Éduens
paraissant laisser tout à craindre à leurs ad-
versaires, ceux-ci, par une mauvaise politique,
pratiquée souvent, mais presque toujours funeste, prirent la fatale résolution d'appeler à
leur secours Arioviste, chef des nations ger-
maniques qui habitaient sur la rive droite du
Rhin. Leur demande fut accueillie avec d'autant plus d'empressement, qu'Arioviste ne
demandait qu'une occasion d'entrer dans les

Gaules, et que ses peuples brûlaient du désir
d'abandonner leurs forêts et leurs montagnes,
un sol ingrat qui fournissait difficilement à
leur existence, au lieu que la renommée leur
présentait les Gaules, et les rives gauches du
Rhin surtout, comme un séjour délicieux et
qui offrait en abondance tous les besoins de
la vie.

Arioviste ne perdit pas un moment, et passa
le Rhin avec quinze mille hommes. Il était le
chef de ceux des Germains qui, sur la rive
droite, étaient les plus voisins de l'Alsace, et
qui, probablement sous le nom de Marcomans,
habitaient alors le pays que l'on appelle aujourd'hui Brisgau, le grand-duché de Bade et
le Wurtemberg. Ces nations étaient très-belli-
queuses ; il ne leur fut pas difficile de déterminer la victoire en faveur des Séquaniens et
des Auvergnats : les Éduens furent vaincus.
Arioviste leur imposa un tribut considérable,
et les obligea de lui fournir des otages pour
garantir leur soumission et l'engagement de ne
jamais plus invoquer le secours des Romains,
ni de chercher à se soustraire à la domination des Séquaniens ou, pour mieux dire, à
la sienne.

Ceux dont il avait si bien servi les ressentimens, s'aperçurent bientôt de la faute qu'ils
avaient commise en implorant son assistance.
Arioviste s'était emparé de toute la partie du
pays des Séquaniens que l'on nomme aujour-
d'hui la haute Alsace, et qui, au rapport de
César dans ses Commentaires, était déjà alors
un des meilleurs pays des Gaules : *tertiamque
partem agri sequanici, qui esset optimus
totius Galliæ, occupasset.* C'était le tiers
du pays des Séquaniens. Il s'y établit en
souverain avec ses Germains, et en chassa le
peuple qui avait imploré son intervention et
qui fut tenu de se renfermer dans les deux
autres parties du pays : il se ménageait ainsi le
passage et le retour de la Gaule en Germanie.

D'autres nations allemandes succédèrent
aux Marcomans : ce furent les Suèves, les
Séduciens, les Némètes, les Vangions, les
Triboques, etc., peuples alors dispersés sur
diverses parties de la Germanie, entre autres
dans celles qu'on appelle aujourd'hui la Franconie et le haut Palatinat. Il fallut faire à ces
nouveaux peuples de nouvelles concessions de
territoires, et les malheureux Séquaniens ex-
pièrent leur imprudence par les regrets les

plus amers. Outre qu'ils avaient perdu la presque-totalité de leur pays, le gouvernement
d'Arioviste était dur, avare et despotique. Ils
entrevoyaient de plus grands maux encore
pour l'avenir. Les forces d'Arioviste s'étaient
portées à cent vingt mille hommes, et ils devaient lui supposer le dessein d'envahir toute
la Gaule. César était sur les fontières ; il venait
de remporter une victoire éclatante sur les
Helvétiens et leurs nombreux alliés. Ces peuples, séduits par l'exemple de ceux conduits
par Arioviste, tentèrent également de s'établir
dans les Gaules, et, pour détruire en eux-mêmes
tout sentiment de retour, ils avaient ravagé et
incendié leurs propriétés et leurs habitations
dans les lieux qu'ils abandonnèrent. Cette entreprise eut pour eux les résultats les plus
déplorables : défaits entièrement par l'armée
romaine, de trois cent soixante-huit mille
hommes qu'ils étaient en partant, il n'en retourna que cent dix mille dans leur pays.

Cette victoire sur les Helvétiens et leurs
alliés, dont l'invasion, si elle avait réussi,
aurait mis sous le joug une grande partie des
Gaules, releva les espérances des Séquaniens.
Ils conçurent le dessein d'invoquer le secours

de César, et il ne leur fut pas difficile d'associer
à leur démarche les Éduens, leurs anciens ennemis. Ceux-ci oublièrent bientôt leurs anciennes divisions, pour n'écouter que le sentiment
d'une haine commune contre Arioviste, le
plus détestable des tyrans.

Toujours trop confians, ces peuples tombaient dans une nouvelle faute : sans doute,
César était bien propre à les délivrer du joug
d'Arioviste ; mais ce ne pouvait être, et ce
ne fut en effet, que pour leur faire subir celui
du peuple romain, avec lequel leur liberté
courait de bien plus grands risques.

Ce fut Divitiac, l'un des principaux magistrats des Éduens, qui porta la parole au nom
des députés réunis : il releva avec beaucoup
d'adresse et d'ordre tous les dangers qui menaçaient les Gaules, si on ne prévenait les
invasions ultérieures des Germains, tourmen-
tés du désir d'échanger leur climat et leur
façon de vivre tout-à-fait sauvage, contre le
territoire si doux et si fertile des Gaules, non
moins renommées pour les agrémens et la
douceur des mœurs de ses habitans. Divitiac
s'étendit avec beaucoup de chaleur sur les
emportemens et la cruauté d'Arioviste, qui

exigeait sans cesse des otages des meilleures maisons des Gaules, et leur faisait souffrir d'affreux tourmens sous les prétextes les plus frivoles.'

César écouta Divitiac avec beaucoup d'attention, et ayant remarqué que les Éduens seuls prenaient la parole et que les députés séquaniens baissaient tristement les yeux sans dire un mot, il en demanda la raison à Divitiac, qui lui répondit que le joug qu'Arioviste faisait peser sur les Séquaniens était si accablant, qu'ils n'osaient même s'en plaindre; que, ce dernier occupant tout le pays, la moindre indiscrétion les exposerait aux traitemens les plus barbares.

César, qui avait le plus ardent désir d'acquérir de la gloire et d'augmenter sa puissance par les armes, n'avait rien de plus à cœur que d'en venir aux mains avec Arioviste, qu'on lui représentoit d'ailleurs comme l'ennemi commun des Romains et des Gaulois; mais il avait des ménagemens à observer. Sous son consulat même on avait reconnu Arioviste pour roi et allié du peuple romain. Il fallut donc recourir aux voies de conciliation avant d'entamer la guerre. Il envoya vers Arioviste

pour lui demander une entrevue. Ce dernier
répondit avec une fierté insolente, que s'il
avait à faire à César il irait le trouver, et que
César, ayant affaire à lui, pouvait bien se donner la peine de venir. Celui-ci, irrité de cette
réponse, fit savoir à Arioviste, qu'il eût à ces-
ser de faire passer en-deçà du Rhin de nouvelles peuplades de Germains, et exigea de
lui que les otages pris aux Éduens leur fussent
rendus, et qu'il s'abstînt à l'avenir de toute
violence envers ce peuple et ses alliés: ajoutant
qu'à ces conditions l'amitié continuerait de subsister entre les Romains et lui; mais que, si
elles n'étaient pas acceptées, il n'hésiterait pas
de commencer la guerre pour la défense des
Éduens, anciens alliés et frères des Romains.

Arioviste persista dans son arrogance : il fit
savoir à César que personne n'était dans le
cas de lui apprendre comment il fallait se
conduire envers un peuple vaincu par lui;
qu'il ne rendrait point les otages des Éduens;
que César ne devait pas ignorer que jamais
aucune nation n'était entrée en guerre avec
Arioviste sans y avoir trouvé sa perte; qu'il
était maître d'en faire l'épreuve, et qu'il
ne tarderait pas d'apprendre ce que peut la

valeur des peuples germains, toujours victo-
rieux, et qui, depuis quatorze ans, n'avaient
pas couché sous un toit.

César ne balança plus d'en venir aux mains
avec Arioviste. Après trois jours de marche
il apprit que ce dernier s'avançait de son
côté, dans le dessein de s'emparer de Besançon, capitale du pays des Séquaniens. César
accéléra sa marche, parvint à devancer Arioviste et à occuper Besançon, où il trouva des
vivres en abondance et tout ce qu'il pouvait
désirer pour son expédition. Il s'y arrêta quelques jours pour prendre ses mesures.

Dans les divers entretiens que les députés
des Séquaniens et des Éduens eurent avec les
Romains, il fut beaucoup question des Germains, et surtout de la part de ceux des
Gaulois qui avaient fait la guerre contre eux.
On parla de l'énormité de leur taille, de leur
audace et de la grande habitude qu'ils avaient
des armes. Ces discours déconcertèrent les
jeunes officiers de l'armée romaine, qui n'a-
vaient point l'expérience de la guerre, et que
la dissipation ou l'attrait des plaisirs avait portés à suivre César qui, à Rome même, vivait
avec beaucoup de mollesse. Ils gémirent sur

la destinée qui les attendait, et leur frayeur se communiqua bientôt aux soldats et aux anciens officiers.

César, instruit de cet état des choses, tint à son armée un discours plein de vigueur et bien digne de la grandeur de son caractère. La disposition des esprits devint tout autre, et les légions pressèrent César de les conduire à l'ennemi, avec lequel il leur tardait d'être aux prises. Il profita de cette ardeur pour se mettre en marche dès la nuit même. Il s'était informé de la route qu'il avait à tenir près de Divitiac, qui lui parut mériter toute sa confiance. Ce fut d'après ses renseignemens qu'il prit le parti de faire un assez long détour pour éviter les forêts et les défilés qui auraient pu devenir nuisibles à son entreprise. Il n'eût pas été sage de sa part d'aller au-delà du Doubs, pour déboucher par la Suisse; ce chemin était encore plus hérissé de difficultés, et la Suisse, dévastée par ses habitans lors de leur migration, ne lui aurait offert aucun moyen de subsistance.

César s'en remit aux bons conseils de Divitiac, et, faisant un détour de cinquante milles, c'est-à-dire de trente-trois lieues, afin de ne marcher que par des chemins ouverts, il prit celui de la Saône pour déboucher du côté de Vesoul et atteindre l'Alsace par Belfort. Tout cet espace fut franchi en sept jours, l'armée de César faisant communément sept milles par jour.

Dès l'approche de César, Arioviste lui demanda une entrevue, après lui en avoir lui-même refusé une avec tant d'arrogance. César, voulant s'affranchir de tout tort quelconque, accéda à la demande; et cinq jours après, conformément à la convention et après plusieurs députations relatives aux conditions à observer de part et d'autre, les deux guerriers, accompagnés chacun de dix principaux officiers, se réunirent dans une grande plaine entre les deux camps. L'entretien eut lieu à cheval; mais il se réduisit à de vaines représentations sur les droits respectifs, aucune des parties ne voulant céder à l'autre.

César s'étant aperçu que pendant les pourparlers les Germains s'approchaient du lieu de la conférence, et que même quelques traits et pierres étaient lancés sur les Romains, il quitta de suite Arioviste et alla rejoindre les siens, qu'il informa des prétentions absurdes de ce dernier, qui entendait interdire l'entrée des Gaules aux Romains, et de la mauvaise foi dont les Germains avaient usé pendant l'entrevue. Les soldats de César n'en furent que plus irrités contre ces derniers, et exprimèrent le plus ardent désir de se mesurer avec eux.

Arioviste osa demander un nouveau rendez-vous deux jours après, ou au moins qu'on lui députât quelqu'un de confiance pour reprendre les négociations. César jugea qu'il avait assez payé de sa personne, et se refusa à retourner près d'Arioviste ; mais il voulut épuiser tous les bons procédés, et envoya à ce dernier Valérius Porcillus, jeune Gaulois, bien élevé et fort intelligent, et qu'il estimait beaucoup. Porcillus, auquel César adjoignit M. Meltius, était en état de converser avec Arioviste sans interprète, ce dernier ayant appris la langue gauloise par le long séjour qu'il avait fait dans le pays. Dès l'arrivée de ces députés, le roi des Germains les traita de vils espions, et les fit charger de fers.

Il fallut enfin combattre, et César, après avoir vainement et pendant plusieurs jours offert la bataille à Arioviste, qui avait montré d'abord tant de fierté, s'avança avec toutes ses troupes, rangées sur trois lignes, jusqu'au camp des Germains, et les serra de si près, qu'ils furent forcés d'en sortir et de se mettre en ordre de bataille. Les troupes d'Arioviste étaient distribuées par nations et environnées de chariots, sur lesquels se trouvaient les femmes, les cheveux épars, et conjurant leurs époux de faire les derniers efforts pour les préserver de l'esclavage des Romains.

Le premier choc fut si violent, que les combattans ne purent se servir que de l'épée. Les Germains, suivant leur usage, se couvraient la tête de leurs boucliers ; et César rapporte que ses soldats sautaient sur ces espèces de tortues et, levant les boucliers d'une main, perçaient l'ennemi de haut en bas.

La victoire fut disputée, surtout par l'aile droite des Germains, qui obtenait même des avantages : sa défection ne put être opérée, comme celle de l'aile gauche contre laquelle César avait agi en personne, que par un corps de réserve que le jeune Crassus se hâta de faire avancer. La bataille fut complétement perdue par les Germains : ce qui ne fut pas taillé en pièces par la cavalerie romaine, et ce

fut le plus petit nombre, gagna les bords du
Rhin pour passer le fleuve à la nage; ou,
comme Ariovisto, sur de petits bateaux qu'ils
s'étaient ménagés sur les bords. Deux des
femmes de ce dernier furent tuées pendant la
fuite; l'une de ses filles eut le même sort, une
autre fut faite prisonnière.

César raconte dans ses Commentaires qu'il
eut le bonheur de retrouver ses deux députés
Porcillus et Meltius. Le premier avait failli
périr à diverses reprises : on avait tiré au sort
jusqu'à trois reprises pour savoir si on le brû-
lerait vif sur-le-champ, ou si on remettrait sa
mort à un autre temps ; le sort lui avait toujours été favorable.

On a fait de longs commentaires sur le
lieu où cette grande bataille peut avoir été
livrée. Quelques auteurs le cherchent dans la
Franche-Comté ; Schœpflin le place près de
Montbéliard. Mais tout ce que César nous
apprend de sa marche, de celle de l'ennemi,
des mouvemens respectifs des deux armées,
de la fuite des Germains vers le Rhin, démontre évidemment que l'événement s'est
passé dans la haute Alsace. L'abbé Grandidier
se borne à indiquer cette province, et il s'ap-

puie de l'autorité de quelques savans. Le
père Laguille partage ce sentiment; mais il
est plus positif : il place le lieu du combat
entre Ensisheim et Cernay, et c'est aussi l'o-
pinion reçue dans le pays.

La haute Alsace, qu'Arioviste avait possé-
dée pendant quatorze ans, fut soumise aux
Romains; la basse, qui faisait partie du pays des
Médiomatriciens, avait su se soustraire à la
domination étrangère. Ce ne fut que l'année suivante, cinquante-sept ans avant la
naissance du Christ, qu'elle fut conquise par
César avec toute la Gaule belgique. Ce fut
l'ouvrage d'une seule campagne. L'ancienne
division continua de subsister, c'est-à-dire
que la haute Alsace, composée des Séquaniens
et des Rauraques, resta la Gaule celtique,
et que la basse, occupée par les Médiomatriciens, conserva la dénomination de Gaule
belgique. Quelques années après seulement,
c'est-à-dire, quarante-neuf ans avant Jésus-
Christ, les Triboques, qui avaient déjà es-
sayé de s'établir avec Arioviste dans la haute
Alsace, profitèrent des embarras que la guerre
civile donna à César pour envahir la basse
Alsace, et s'établir dans toute cette partie

de la province qui est entre les Vosges et le Rhin; et ils surent s'y maintenir.

Nous avons retracé ces événemens, parce que ce sont les premiers faits de l'histoire de notre province qui soient positivement connus, nous ayant été transmis par César, Tacite et Tite-Live. Tout ce qui y est antérieur est ou très-obscur, ou absolument inconnu; et les écrivains du moyen âge ne nous ont donné que des contes ridicules et les rêves de leur imagination. L'histoire ancienne de l'Alsace sous les Celtes demeurera toujours un secret pour nous, parce qu'une des principales lois des Druides était de ne rien consacrer par écrit. Toutes les traditions étaient exclusivement orales, et cet état des choses ne cessa que lorsque les Romains se furent mêlés avec les naturels du pays.

SUR

LA BATAILLE LIVRÉE PAR JULIEN,

PRÈS DE STRASBOURG, EN 357.

Les auteurs qui ont écrit sur cet événement remarquable ne sont nullement d'accord sur l'emplacement qui en fut le théâtre.

La bataille fut incontestablement livrée près de Strasbourg ; mais on ne s'est abandonné qu'à des conjectures sur la véritable localité que les combattans ont occupée dans ce proche voisinage de l'ancien Argentorat. La matière est digne d'intérêt, si l'on considère que la victoire remportée par Julien délivra l'Alsace de la domination des Allemands, devint le salut de toute la Gaule, et rétablit les anciennes limites de l'empire romain. C'est dans ces termes que s'en exprime Eutrope.

Il serait absurde d'examiner si bien véritablement la bataille a été livrée dans une grande proximité de Strasbourg, lorsqu'on voit Ammien Marcellin, auteur contemporain, à qui nous devons nous en rapporter, l'appeler *pugna argentoratensis;* lorsqu'il s'énonce encore dans ces termes, *propè Argentoratum illuxit illa beatissima dies;* et que nous lisons dans le livre X d'Eutrope : *A Juliano Cæsare apud Argentoratum ingentes Alemanorum copias extinctas esse.*

Nous trouvons dans les notes de l'édition latine d'Ammien Marcellin, publiée par Gronovius, Londres, 1693 : *Unde victoris epitome in argentoratensibus campis à Juliano Cæs. pugnatum esse refert.*

Il faut donc, ainsi que l'observe M. l'abbé Grandidier dans son Histoire d'Alsace, faire justice de l'opinion vraiment insoutenable de Cluvier, qui place le lieu du combat près de Drusenheim, à six lieues de Strasbourg; du sentiment, également erroné, de l'abbé de La Bletterie, qui, dans sa Vie de l'empereur Julien, nous dit que la bataille fut livrée à quelques lieues de Strasbourg; et de la remarque de dom Bouquet, qui, dans son ouvrage, *in Script. rer. Gallic.,* avance qu'on a donné à cette bataille un nom plus relevé, quoiqu'elle n'eût pas été livrée dans une grande proximité d'Argentorat.

S'il était possible de faire prévaloir l'opinion de dom Bouquet, toutes les difficultés disparaîtraient sans doute, et principalement celles qui dérivent du texte d'Ammien Marcellin, qui nous apprend que la défaite de l'armée allemande s'opéra dans une position si rapprochée du Rhin; que les ennemis ne trouvèrent d'autre ressource que celle de se jeter dans ce fleuve, de le passer à la nage, ou d'y périr.

Beatus Rhenanus place également le lieu du combat à une distance trop éloignée du Rhin; il l'établit dans la plaine voisine d'Oberhausbergen, qui est à deux lieues du fleuve.

Barbation, général de l'infanterie romaine, avait quitté l'Italie, par ordre de l'empereur Constance, avec une armée de vingt-cinq mille hommes, pour se rendre dans la Gaule, et s'était porté à *Augst*, du côté de Bâle, tandis que Julien se trouvait dans la basse Alsace avec une armée de treize mille hommes. Constance semblait avoir eu pour objet de renfermer les Allemands entre les deux armées romaines; mais la vérité est qu'il défendit à Barbation de se réunir à Julien, dont les talens et les succès excitaient sa jalousie et sa défiance. En attendant, les Létes, alliés des Allemands, étaient parvenus à s'introduire entre les deux camps, dans la première Ger-

manie et la province séquanienne, et à pénétrer
jusqu'à Lyon, dont ils désolèrent le territoire.
Julien était sans inquiétude sur leur compte;
il savait que, ne pouvant conserver leurs
conquêtes, ils seraient forcés de se partager
en plusieurs corps pour retourner dans leur
pays. Il employa donc une partie de sa meil-
leure cavalerie à leur fermer les passages;
tous ceux qui tournèrent de son côté furent
tués, et leur butin en entier tomba au pouvoir
des troupes de Julien.

Ceux dont la retraite s'effectua du côté de
Barbation, furent bien plus heureux : leur
marche, qui s'opéra à la vue de son camp,
n'éprouva aucune entrave, tandis qu'il n'eût
tenu qu'à ce général de consommer leur ruine.
Il paraît plus que probable qu'il n'était venu
sur les bords du Rhin que pour traverser les
vues de Julien, soit que la renommée de ce
général lui portât ombrage, soit qu'il crût bien
servir les sentimens secrets de l'empereur.

Toutefois les mouvemens de Julien for-
cèrent les ennemis à se réfugier dans les îles
formées par le Rhin; mais Julien ne voulut
point que cette retraite leur fût assurée. Il
demanda à Barbation quelques-uns de ses

bateaux pour les attaquer; et cet homme, profondément perfide, fit un refus et s'empressa, de brûler ses embarcations. Ce fut dans le même esprit qu'il détruisit par le feu une partie des subsistances destinées aux deux armées. Julien n'en poursuivit pas moins ses desseins : il profita de la saison des grandes chaleurs, où les eaux étaient basses en plusieurs endroits, pour faire passer ses troupes légères dans les îles; et tous ceux des ennemis qui ne purent atteindre la rive opposée, furent taillés en pièces.

A la suite de cette expédition Julien se rendit à Saverne, et se hâta d'y relever les fortifications que les Allemands avaient détruites dans un de leurs passages.

Barbation subit la peine de sa déloyauté : les barbares le punirent eux-mêmes de sa lâche condescendance pour les ordres secrets de son maître. Se croyant assez fort pour porter à lui seul la guerre en Allemagne, il jeta un pont sur le Rhin, et fit mine de vouloir traverser le fleuve. Mais les ennemis, qui se trouvaient placés au-dessus de lui, ruinèrent son ouvrage par le moyen de plusieurs gros arbres qu'ils jetèrent dans le Rhin,

et qui séparèrent les bateaux et en coulèrent
plusieurs à fond. Barbation, voyant le mauvais
succès de son entreprise, fit une retraite
précipitée, dans laquelle il fut atteint par
les ennemis, qui lui tuèrent beaucoup de
monde, et firent sur lui un butin immense.
Cet événement déconcerta tellement ce général
inhabile, qu'au milieu de la belle saison, au
mois d'Août, il mit ses troupes en quartier
d'hiver, et s'en retourna à la cour, où il s'ef-
força d'atténuer la gloire de Julien et de ca-
lomnier ses intentions.

La défection de Barbation remonta le courage des peuples allemands, et leurs espérances
se fortifièrent de plus par l'idée que l'éloi-
gnement de Julien, occupé à Saverne du rétablissement des fortifications et de l'appro-
visionnement de la place, n'était autre chose
qu'une retraite forcée.

Ils se hâtèrent de réunir toutes les forces
dont ils pouvaient disposer : Ammien Marcellin et Libanus nous disent que les Germains
employèrent trois jours et trois nuits pour
achever leur passage du Rhin.

Parmi les sept rois allemands qui avaient
joint leurs forces pour assurer le succès de

cette invasion, on distinguait Chnodomaire,
dont les espérances paraissaient d'autant plus
fondées, qu'il avait vaincu Décence, frère du
tyran Magnence, en bataille rangée et à forces
égales, en 351 ; qu'il avait parcouru les Gaules,
ravagé sans résistance et pillé plusieurs villes
fort riches. Chnodomaire se croyait invincible,
et les autres rois n'avaient pas hésité de lui
déférer le principal commandement. Il se mit
à la tête de l'aile gauche, composée de l'élite
des troupes, et où devaient se faire les principaux efforts : l'aile droite fut confié à Séra-
pion, fils de Méderic, qui dans tous les temps
s'était montré l'ennemi le plus implacable des
Romains : les autres rois et princes du sang
étaient partagés dans toute l'armée, forte de
trente-cinq mille combattans, de diverses nations allemandes. Quelques auteurs estiment
que cette armée était beaucoup plus considérable, en observant qu'Ammien Marcellin n'a
compté dans ce nombre que les troupes auxi-
liaires et celles qui avaient été enrôlées, tandis qu'il devait s'y trouver d'autres soldats allemands, qui, sujets des sept rois en guerre,
étaient obligés de les accompagner dans cette
expédition.

Cette armée vint camper auprès de Strasbourg, à qui Ammien Marcellin donne le nom de ville.

Un transfuge de l'armée de Julien avait appris à Chnodomaire que l'armée romaine n'était forte que de treize mille hommes, ce qui ajouta tellement à la confiance des ennemis, que Chnodomaire fit signifier à Julien qu'il eût à évacuer les terres que les Allemands avaient acquises par la force des armes. Julien conserva son sang froid, traita le trompette de vil espion, le retint jusqu'à l'issue de la bataille, et leva son camp devant Saverne, pour aller combattre les Allemands dans les plaines de Strasbourg. Julien était à la tête de l'aile droite, où se trouvaient les meilleures troupes, et l'aile gauche était sous les ordres de Sévère.

Julien s'était mis en mouvement dès le lever du jour, et après une marche *de sept lieues,* ce qui forme la distance de Saverne à Strasbourg, l'armée arriva à midi près *d'une colline qui s'élevait doucement,* et qui était couverte de blés mûrs et *peu éloignée* du Rhin. Ammien dit : *Promotus exercitus propè collem advenit molliter editum, oportum segeti-*

bus jam maturis, à superciliis Rheni haud longo intervallo distantem.

L'armée de Julien aperçut trois vedettes ennemies, qui étaient à cheval et observaient *de dessus la hauteur* le mouvement des Romains : *E cujus summitate speculatores hostium tres equites exciti.* Ces cavaliers se hâtèrent de tourner bride pour aller annoncer aux leurs l'approche des Romains ; mais un quatrième, qui n'était pas monté et n'avait pu les suivre, fut atteint, et ce fut par lui qu'on obtint des renseignemens sur les forces des Allemands.

Nous avons rapporté les propres expressions de l'auteur contemporain, parce que c'est cette même localité, c'est-à-dire, l'emplacement de cette colline, nécessairement rapprochée de notre ville et du Rhin, et près de laquelle la bataille a été livrée, qui est la difficulté agitée par les divers auteurs qui ont parlé de l'événement.

Nous ne pouvons pas suivre Ammien dans le récit d'un combat où les plus braves soldats de la Germanie opposèrent les avantages du nombre, de la force et de la taille, à ceux de la discipline et du sang froid des Romains

dirigés par l'habileté du chef. La victoire fut
fortement disputée : déjà Julien avait vu fuir
six cents de ses meilleurs cuirassiers, qu'il
parvint à ramener en se jetant au - devant
d'eux, et on peut dire que ce furent les efforts
des Bataves combattant sous les drapeaux
romains, qui décidèrent du sort de cette
journée vraiment mémorable.

L'armée romaine perdit dans ce combat
deux cent quarante-trois soldats, quatre
officiers généraux : Bainobaude, tribun des
cornutes ; Laipson ; Innocentius, commandant de la gendarmerie, et un tribun en
second dont le nom est ignoré. On trouva six
mille morts dans le camp des Allemands,
sans compter les hommes qui périrent dans
les flots du Rhin.

Voici la traduction littérale du texte d'Ammien Marcellin.

« Nos soldats infatigables coururent après
« les fuyards, dont plusieurs *se précipi-*
« *tèrent dans le fleuve*, pour s'arracher
« par la nage au péril, Julien, qui prévit le
« danger auquel nos troupes allaient s'expo-
« ser, accourut avec les tribuns et les autres
« chefs, pour les empêcher de s'abandonner,

« dans l'ardeur de leur poursuite, à ces
« gouffres rapides. S'arrêtant donc sur les
« bords, ils tuaient les Germains à coups de
« traits. Si quelques-uns se dérobaient à la
« mort en fuyant, peu après, percés de
« coups, ils s'abymaient dans les eaux et dis-
« paraissaient. Ce spectacle se voyait sans dan-
« ger du rivage, comme dans ces tapis de
« théâtre qui représentent de grands événe-
« mens. Les uns, qui ne savent nager, s'atta-
« chent à ceux qui s'entendent à cet exer-
« cice; d'autres surnagent comme des troncs
« et sont bientôt engloutis par les flots; ceux-
« là, portés sur leurs boucliers, tâchent
« d'éviter la violence des vagues, et, après
« bien des dangers et par plusieurs détours,
« parviennent à l'autre rive. Le fleuve, écu-
« mant et teint du sang des barbares, s'étonne
« de l'accroissement qu'il reçoit. »

Le superbe Chnodomaire, qui avait paru
à la tête des troupes allemandes, *la tête
couverte d'un casque éclatant comme du
feu, montant un cheval écumant, et se
tenant appuyé sur une énorme lance, le
brillant de ses armes le faisant remarquer
au loin;* Chnodomaire, qui ailleurs s'était

montré soldat intrépide et général habile, ne connut plus d'autre parti que celui d'une fuite précipitée.

Échappé comme par un miracle du carnage et de l'entière défection des troupes allemandes, se couvrant le visage pour n'être pas reconnu, il fuyait avec quelques cavaliers et s'efforçait de rejoindre ceux des siens qu'il avait laissés campés entre *Tribur* et *Concordia,* aujourd'hui Altstadt et Lauterbourg. Il devait trouver là les bateaux qu'il avait préparés pour repasser le Rhin en cas d'événement fâcheux ; mais comme, d'après Ammien, de l'endroit où il se trouvait dans sa fuite il ne pouvait regagner son camp sans passer le Rhin, il fut forcé de revenir sur ses pas, et, côtoyant un marais, son cheval glissa et le jeta dans l'eau. La pesanteur de ses armes ne l'empêcha pas de se dégager, et il parvint à gagner un coteau couvert de bois. Mais, sa haute taille l'ayant trahi, un tribun romain fit envelopper le bois, et Chnodomaire fut obligé de se rendre. On sait que Julien envoya son prisonnier à l'empereur Constance, qui le fit conduire à Rome, où il mourut en léthargie.

Il est constant, d'après Ammien, que le

combat fut livré si près du Rhin, qu'aucun
des Allemands ne trouva le moyen de se
sauver dans une autre direction que celle de
ce fleuve, et qu'il ne leur restait d'autre parti
à prendre que d'y périr, ou de le traverser à la
nage ; et nous avons vu qu'il n'est pas moins
certain que ce fut près de Strasbourg, puisque la bataille en prit le nom, d'après les
auteurs contemporains qui, en relatant les
diverses circonstances de cette affaire, disent :
*in argentoratensibus campis.... argentora-
tensis pugna... apud Argentoratum...prope
Argentoratum...,* etc.

Il s'agit donc de fixer les idées sur l'endroit
qui, près de Strasbourg, fut le véritable théâtre de la victoire de Julien, et qui puisse
se concilier avec les circonstances que nous
venons de rapporter, en conservant fidèle-
ment le texte des auteurs contemporains.

Nous avons déjà dit que les opinions de
Cluvier, de La Bletterie, de dom Bouquet
et même de Beatus Rhenanus, n'étaient nullement admissibles, parce qu'ils placent le lieu
du combat à une trop grande distance de
Strasbourg et du Rhin.

Nous devons de même faire justice du senti-

mĕnt du père Laguille, qui, dans son Histoire
d'Alsace, établit le champ de bataille entre
Mundolsheim et Suffelweyersheim, c'est-à-dire
à une forte lieue de Strasbourg et du Rhin,
position qui n'expliquerait nullement la nécessité où se sont trouvés les Germains de se pré-
cipiter dans le fleuve dès que leur défaite fut
décidée.

Schœpflin, reconnaissant la nécessité d'admettre la proximité de Strasbourg et celle
du Rhin, pense que la bataille fut livrée entre
la rivière de l'Ill et le fleuve du Rhin : ce
serait alors dans la plaine de la Ruprechtsau.
Telle est aussi l'opinion de M. l'abbé Grandidier, qui pense que la colline que décrit
Ammien, et où les Romains aperçurent les
premiers coureurs de l'armée allemande, n'est
autre chose que la hauteur de Schiltigheim,
qui s'offre sur la gauche à ceux qui viennent de
Saverne à Strasbourg. M. l'abbé Grandidier ne
trouve que dans cette position du champ de
bataille, c'est-à-dire dans la plaine de la
Ruprechtsau, la facilité de repousser les
troupes allemandes dans le Rhin, comme il y
trouve le bois dans lequel Chnodomaire avait
cherché à se cacher.

M. Schweighæuser, fils, qui, dans son quatrième mémoire sur les Antiquités du département, a, comme dans toutes les choses qu'il
traite, examiné la matière avec autant d'habileté que d'érudition, reconnaît lui-même la
hauteur de Schiltigheim pour être nécessairement, à raison des circonstances relatées par
les contemporains, la colline où furent aper-
çues les premières vedettes des Allemands;
mais il est arrêté par la difficulté que présente
le cours de la rivière d'Ill, que les troupes
allemandes eussent dû franchir après leur
défaite, avant d'être repoussées dans le Rhin,
comme l'armée romaine eût dû la passer
pour attaquer les Allemands dans la plaine
de la Ruprechtsau : circonstance, observe
M. Schweighæuser, dont les auteurs contemporains eussent certainement fait mention et
dont ils ne parlent aucunement.

M. le professeur Schweighæuser se rattache
d'autant plus au sentiment que la hauteur
de Schiltigheim, toujours couverte de belles
moissons et qui l'était sans doute déjà au
temps dont il s'agit, est la colline dont les
auteurs font mention, que de nos temps aussi
les hauteurs de Schiltigheim et du voisinage

ont servi souvent de position militaire aux armées françaises et allemandes, et que de plus c'est à cette même hauteur que *conduisent avec une précision rigoureuse les vingt-un mille pas romains, équivalant à environ trente-un mille de nos mètres, indiqués par Ammien Marcellin comme la distance à laquelle la position des Alemani se trouvait de Saverne.*

M. Schweighæuser pense, ou que les auteurs contemporains ont confondu la rivière d'Ill avec le Rhin, ou que le cours de celui-ci, toujours très-variable, était anciennement confondu lui-même sur ce point avec celui de la rivière, ou même encore plus rapproché de ces collines.

La difficulté sera moins grande, quand on voudra bien considérer qu'aucun document ne nous fait connaître si, dans l'année 357, qui est celle de l'événement, le cours de l'Ill et celui du Rhin surtout étaient les mêmes que de nos jours. On ne pourrait pas même supposer un pareil état des choses ; et, si les auteurs contemporains n'ont fait nulle mention de la rivière d'Ill, c'est que son cours était dans ces temps, qui sont si loin de

nous, parfaitement étranger et au développe-
ment des armées et à la bataille même.

Ce sont les temps, les besoins de la société,
et par suite les intérêts et l'accroissement
de l'industrie et du commerce, peut-être les
avantages de la navigation, qui ont établi le
cours de la rivière d'Ill tel qu'il existe aujour-
d'hui. Nous savons qu'à cette époque cette
rivière se trouvait en dehors d'Argentorat,
alors très-circonscrit de toutes parts et qui
était sans mur du côté de l'Ill.

On doit croire avec d'autant plus de raison
que cette rivière n'a influé en rien sur les circonstances de cette grande affaire, que Chnodomaire avait laissé ses bateaux du côté de
Lauterbourg, et que le terrain sur lequel il
avait à mesurer ses forces près de Strasbourg
lui était parfaitement connu.

Ici nous devons rapporter une conjonc-
ture qui fortifie très-particulièrement l'opinion que la bataille a été livrée entre l'ancien
Argentorat, alors très-resserré, et la hauteur
de Schiltigheim, ou dans le prolongement de
la même hauteur vers la Ruprechtsau : c'est
l'impossibilité où s'est trouvé Chnodomaire,
d'après le rapport d'Ammien, de retourner

au lieu situé entre Tribur et Concordia, où il avait tous ses équipages et où étaient restés ses bateaux, pour pouvoir y repasser le Rhin en cas d'événement. Cet auteur dit en termes positifs, que Chnodomaire, vaincu, ne pouvait plus parvenir à ce même camp, entre Tribur et Concordia, qu'en passant le Rhin au lieu même de sa défaite, *et quia non nisi Rheno transito ad tentoria sua poterat pervenire :* ce qui indique et le lieu de la bataille et le placement de l'armée de Julien après la victoire; la position de celle-ci avait coupé à Chnodomaire et aux siens la retraite par la Wantzenau, c'est-à-dire par la route du Rhin, la seule sur laquelle ils pussent compter.

On connaît la constante variabilité du cours du Rhin, et on peut se faire une idée des changemens qu'il a dû subir dans nos parages depuis le quatrième siècle. Il paraît bien avéré que son cours, dans les temps passés, était bien plus rapproché de nos murs. Des restes de vieux lits et d'anciens trous de gravier du Rhin en sont une preuve irréfragable, et l'un de nos quartiers, en face de l'hôpital civil, est encore aujourd'hui désigné

par le nom de *coin du Rhin* (*Rhineck*),
ce qui ne laisse nul doute sur l'ancienne
proximité du fleuve.

Ne serait-il pas à croire dès-lors que l'Ill
se jetait dans le Rhin à la droite d'Argentorat
et sans parcourir l'espace qu'il occupe aujourd'hui, de manière que le cours de cette
rivière se trouvait absolument étranger au
mouvement des armées?

L'inconstance du Rhin est attestée par des
événemens très-remarquables. Le vieux Brisach était autrefois incontestablement sur la
rive gauche du fleuve : ce fut en 1296 qu'é-
tant extraordinairement gonflé, il se forma
un nouveau lit, et Brisach se trouva placé
sur la rive droite.

En 1292, des prêtres écossais construi-
sirent un monastère assez considérable près
de Rhinau, qu'ils abandonnèrent en 1390,
parce que le Rhin, qui, de ces côtés surtout,
changeait fréquemment de lit, menaçait d'en-
gloutir leur établissement, ce qui arriva en
effet dans la même année. Depuis cet événement et long-temps après, lorsque les eaux
étaient très-basses, on apercevait des restes
du bâtiment. M. Hochstœtter, arpenteur à

Colmar, en découvrit encore au milieu du Rhin en 1752; il en leva même le dessin, qui est rapporté dans les manuscrits de Silbermann. Ce dernier se rendit lui-même sur les lieux en 1766; il reconnut qu'alors déjà ces ruines n'étaient plus au milieu du fleuve, mais dans un très-grand rapprochement de la rive droite.

DE QUELQUES
LIEUX, CHATEAUX ET FORTERESSES

DE L'ANCIENNE ALSACE,

DU TEMPS DES ROMAINS.

\\\\\\\\\\\\\\\

Augusta Rauracorum (Augst).

En rappelant les différens lieux, châteaux et forteresses celtiques que les Romains ont trouvés en Alsace lorsqu'ils y prirent pied, qu'ils ont ou augmentés ou embellis, en même temps qu'ils en ont élevé et peuplé d'autres, nous ne pouvons nous dispenser de parler d'*Augusta Rauracorum,* qui, aujourd'hui, fait partie du territoire helvétique, mais qui était alors la principale ville des *Rauraques.* Long-temps avant l'ère chrétienne ces peuples, et avec eux les Séquaniens et les habitans de la haute Alsace, ne formaient qu'une seule nation, qui s'étendit pendant plusieurs siècles dans cette même division.

4

Colmar, en découvrit encore au milieu du Rhin en 1752 ; il en leva même le dessin, qui est rapporté dans les manuscrits de Silbermann. Ce dernier se rendit lui-même sur les lieux en 1766 ; il reconnut qu'alors déjà ces ruines n'étaient plus au milieu du fleuve, mais dans un très-grand rapprochement de la rive droite.

DE QUELQUES
LIEUX, CHATEAUX ET FORTERESSES

DE L'ANCIENNE ALSACE,

DU TEMPS DES ROMAINS.

\\\\\\\\\\\\\

Augusta Rauracorum (Augst).

En rappelant les différens lieux, châteaux et forteresses celtiques que les Romains ont trouvés en Alsace lorsqu'ils y prirent pied, qu'ils ont ou augmentés ou embellis, en même temps qu'ils en ont élevé et peuplé d'autres, nous ne pouvons nous dispenser de parler d'*Augusta Rauracorum*, qui, aujourd'hui, fait partie du territoire helvétique, mais qui était alors la principale ville des *Rauraques*. Long-temps avant l'ère chrétienne ces peuples, et avec eux les Séquaniens et les habitans de la haute Alsace, ne formaient qu'une seule nation, qui s'étendit pendant plusieurs siècles dans cette même division.

Augusta Rauracorum était situéc entre Rheinfeld et Bâle, c'est-à-dire, près du Rhin et non loin de la source de l'Ergetz. Cette situation avait été choisie pour prévenir les invasions des peuples de la Germanie. Confédérés avec les anciens Helvétiens, les Rauraques se liguèrent avec ces derniers du temps de Jules César, pour abandonner leurs demeures et passer ensemble dans les Gaules. Avant cette transmigration ils incendièrent toutes leurs habitations, et ce fut dans cette circonstance qu'*Augusta Rauracorum* subit le même sort. Cette ville dut être rétablie au retour des Rauraques, réduits au tiers de leur nombre, et quarante ans après elle reçut un accroissement considérable par les soins de l'empereur Auguste, qui y envoya une colonie sous les ordres de Lucius Munatius Plancus, vraisemblablement la 740.ᵉ année après la fondation de Rome et la 14.ᵉ avant la naissance de Jésus-Christ.

Lucius Munatius Plancus était un guerrier d'un grand mérite : élevé par Cicéron, il avait été honoré deux fois du consulat, et plusieurs années avant sa mission à *Augusta Rauracorum* il avait établi une semblable colonie à Lyon, dont il peut être regardé comme le fondateur.

Augusta Rauracorum existait encore sous l'empereur Valentinien II, qui mourut en 392. On y voit encore les ruines d'un amphithéâtre qui pouvait contenir au-delà de douze mille spectateurs, et pendant long-temps les habitans d'*Augst*, qui n'est plus qu'un village, ont trouvé, en fossoyant leurs vignes ou en labourant leurs champs, plusieurs antiquités très-précieuses. Quelques cabinets, entre autres, celui de MM. Fesch et la bibliothèque de Bâle, s'en sont enrichis.

Plus loin du village et au-delà des cinq tours moitié enfoncées dans la terre, que l'on regarde comme les débris de l'amphithéâtre, on trouve ceux d'un conduit souterrain que les paysans appellent *Heydenloch*, trou des païens. Ce conduit s'étend fort loin le long de la montagne, et l'on en retrouve les vestiges au-dessus de la petite ville de *Liechstall*.

Un examen approfondi du terrain a fait juger à quelques auteurs qu'*Augusta Rauraçorum* pouvait avoir huit cent soixante-onze verges de longueur, deux cent soixanteune de largeur vers le Rhin, et quatre cent soixante-dix-huit dans la partie opposée. Ils estiment que sa circonférence était de deux mille quatre cent quarante-six verges.

Cette ville jouit de la plus parfaite tranquillité pendant les trois premiers siècles ; mais, l'empereur Constantin ayant affaibli les garnisons du Rhin dans le quatrième, le sort d'*Augusta Rauracorum* devint très-précaire. Cette ville fit à diverses reprises les plus grands efforts pour s'opposer au passage des peuples de la Germanie ; mais, dès l'année 406, et après l'invasion des Vandales, des Suèves et des Alains, elle tomba au pouvoir des Allemands, qui, conjointement avec les Bourguignons, la bouleversèrent entièrement et la convertirent en un simple village.

Attila vint mettre le comble à sa ruine en 451.

Robur et Basilia (Bâle).

Ammien Marcellin rapporte que Valentinien II, qui régna depuis 378 jusqu'en 392, fit construire auprès de *Basilia*, au-dessous d'*Augusta Rauracorum*, un *robur* ou une tour contre les Allemands. Le même auteur

nous dit que Valentinien, qui venait de ravager quelques bourgades allemandes, s'occupait à bâtir près de Bâle le fort nommé
Robur, lorsqu'on vint lui présenter la rela-
tion du préfet Probus, qui l'instruisait des
défaites essuyées en Illyrie.

Le nom de *robur* exprimait la solidité de
cette construction : elle fut détruite après
trente-trois ans d'existence, lors de l'invasion
des peuples de la Germanie. On assure qu'elle
était sur l'emplacement qu'occupe aujourd'hui
l'église cathédrale de Bâle. Il est hors de doute
que Bâle même n'était alors qu'un village
habité par quelques pêcheurs, et où les Romains tenaient une grande garde pour la sûreté d'*Augusta Rauracorum*.

Bâle ne reçut de l'accroissement et une
sorte de consistance qu'après la destruction
d'*Augusta Rauracorum*. Le même Ammien
Marcellin que nous avons cité, est le plus
ancien historien qui fasse mention de Bâle;
mais il ne lui donne pas la qualification de ville :
il paraît qu'elle ne l'avait pas encore au quatrième siècle. M. l'abbé Grandidier observe
avec justesse que l'Itinéraire d'Antonin, la Table
théodosienne et la Notice de l'Empire, qui

datent de la fin du même siècle, n'en font aucune mention. Bâle n'obtint réellement le nom de cité qu'au commencement du cinquième siècle, lorsqu'elle devint la capitale des Rauraques.

Cette ville ayant passé, avec toutes les autres situées sur le Rhin, entre les mains de Clovis, le premier roi chrétien de France, le siége épiscopal, établi à *Augusta Rauracorum*, fut transféré à Bâle. Cette ville devint plus considérable encore sous les premiers rois bourguignons, ayant été comprise dans le royaume d'Arles ou de Bourgogne, dont Boson, beau-frère et neveu de Charles le chauve, s'empara en 879.

Bâle eut beaucoup de peine à se rétablir des ravages qu'elle subit en 917 de la part des Hongrois, sous le règne du roi Rodolphe II. La noblesse de Bourgogne contribua essentiellement à sa régénération, en quittant les lieux circonvoisins pour s'y établir.

Bâle devint ville libre et impériale sous le règne de l'empereur Conrad II, et ce fut à la diète tenue à Lucerne le 9 Juin 1501, que cette ville fut reçue dans la ligue des cantons suisses. Dans les guerres contre Charles le hardi, duc de Bourgogne, les Bâlois rendirent de grands services : on comptait huit cents Bâlois à la bataille de Granson, deux mille fantassins et cent maîtres à celle de Morat, et six cents à celle de Nancy.

Arialbinum (Binningen).

Arialbinum, qui est aujourd'hui Binningen, dans le canton de Bâle, à deux lieues et demie de distance d'*Augusta Rauracorum*, était un point soigneusement gardé par les Romains, parce qu'il concourait à couvrir cette dernière place. *Arialbinum* subit le sort de celle-ci, et ses habitans s'établirent à Bâle, qui se forma ainsi successivement de la destruction de tous les lieux ravagés par les Vandales.

M. l'abbé Grandidier observe que le nom d'*Arialbinum* est celtique : c'est aussi l'opinion de Dunod, dans son Histoire des Séquaniens. La syllabe *ar*, qui se trouve dans les mots celtiques, marque le séjour dans un lieu, ou qu'*il ne faut passer outre*. Schœpflin fait dériver *Arialbin* d'*ar* et de *penn*, qui, d'après lui, désignent un lieu situé sur une hauteur ou sur une colline.

Olino (Holée).

Il en fut de même d'*Olino*, aujourd'hui petit village dans le canton de Bâle et près de Binningen. *Olino* était même la résidence du duc des Séquaniens sous Constantin et ses successeurs, et les Romains y tenaient constamment une garnison assez forte pour s'opposer au passage des Germains. Nous ne devons pas dissimuler que la situation de l'ancien *Olino*, ravagé par les barbares, a été la matière de plusieurs controverses. M. l'abbé Grandidier nous paraît embarrassé lui-même de la fixer d'une manière certaine. Nous avons adopté l'opinion de Beatus Rhenanus, qui, après un sévère examen, a cru devoir reconnaître que c'est le village de Holée qui a remplacé l'ancien *Olino*.

Cambes (le grand Kembs).

Cambes, ou le village actuel de Kembs dans le Sundgau, avait également garnison romaine. On y a découvert à diverses époques plusieurs restes de vieux murs et autres objets d'antiquité. *Cambes* est mentionné dans l'Itinéraire et la Table théodosienne, et on y voyait encore du temps de Beatus Rhenanus des restes assez considérables de murs souterrains.

Stabula (Bantzenheim).

Stabula, aujourd'hui Bantzenheim, à trois lieues de Kembs, était de même occupé par les Romains. On y a trouvé, il y a quelques siècles, beaucoup d'antiquités évidemment de leur temps. Des fouilles renouvelées avec soin dans ces divers lieux offriraient sans contredit des découvertes très-intéressantes.

Mons Brisiachus (le vieux Brisach).

Nous avons dit ailleurs que le vieux Brisach appartenait autrefois à la rive gauche du Rhin, et que l'inconstance de ce fleuve l'a relégué sur la rive droite. Le *Mons Brisiachus* était un poste très-important pour les Romains, qui y entretenaient une forte garnison et avaient ouvert trois grandes routes pour y conduire : la plus remarquable venait de *Vesontio* (Besançon), par *Larga* (Larg) et *Uronci* (Illzach). L'empereur Valentinien y séjourna quelque temps en 369.

Argentouaria (Horbourg).

Le village de Horbourg, à une demi-lieue de Colmar, a bien véritablement remplacé l'ancien *Argentouaria* des Romains. La fertilité du sol, la douceur du climat, le rapprochement de la rivière d'Ill, navigable sur ce point, offraient de grandes ressources au commerce des Séquaniens avec les Germains de la rive droite, et avec les Triboques, les Strasbourgeois surtout, les Vangions, les Tréviriens et autres peuples. *Argentouaria* avait d'ailleurs une garnison romaine très-forte et en état de porter des secours sur les autres points. C'est près de cette ville qu'en 378, sous l'empereur Gratien, les Lentiens, peuple d'origine allemande, conduits par le roi Priarius, qui leur fit passer le Rhin pour entrer dans les Gaules, éprouvèrent une entière défaite après un combat assez opiniâtre. Les Germains, auxquels on avait donné avis que l'empereur avait pris la route de l'Illyrie, voulurent profiter de cette circonstance pour passer le Rhin; mais Gratien avait pris ses mesures, en retenant sur les frontières des Gaules les cohortes qui devaient se rendre dans les

Pannonjes, et dont le commandement fut confié à Nannienus, général plein de valeur, et à Mallobandes, commandant des gardes et roi des Francs.

Les Lentiens, qui avaient passé le fleuve sans obstacle, s'étaient avancés dans la haute Alsace jusqu'à la ville d'*Argentouaria*, et s'étaient répandus dans les grandes plaines qui avoisinent aujourd'hui Colmar. Ammien Marcellin nous dit que Mallobandes, entraîné selon sa coutume par sa passion de combattre, souffrait impatiemment de ne pouvoir tomber sur l'ennemi; qu'un bruit affreux, venant du côté des barbares, ayant donné l'éveil, les trompettes sonnèrent la charge, et qu'on en vint aux mains près d'*Argentouaria*; qu'il périt de part et d'autre beaucoup de monde par les flèches et les traits qu'on se décocha; que les Romains, sentant qu'il y aurait un danger manifeste à tenir ferme contre cette multitude d'ennemis, se retirèrent comme ils purent par des sentiers étroits et couverts d'arbres, où ils se défendirent vaillamment; que l'arrivée de nouvelles troupes romaines remplit de crainte les barbares, qui tournèrent aussitôt le dos, puis essayèrent de faire face par intervalles; mais qu'ils furent

détruits, au point qu'il n'en échappa que cinq
mille à la faveur de l'épaisseur des forêts;
qu'on compta parmi le grand nombre de per-
sonnages vaillans et intrépides qui périrent
dans cette journée, le roi Priarius, qui avait
été l'auteur de cette guerre meurtrière.

Ammien Marcellin nous apprend plus haut,
que l'armée de Priarius, au moment qu'elle
passa le Rhin, était forte de quarante mille
hommes; que d'autres l'avaient portée à
soixante-dix mille hommes, mais qu'il y
avait lieu de croire que ce n'était que pour
relever le mérite de la victoire remportée par
l'armée de Gratien. Cette bataille fut livrée
à la fin du mois d'Avril de l'an 378.

L'empereur fit frapper des médailles pour
perpétuer la mémoire de cette journée; elles
portaient pour inscription : *Securitas reipu-
blicæ*. On sait que Gratien ne fut point présent, mais qu'il sut profiter de la victoire.
Il arriva peu de temps après, et, traversant le
pays des Rauraques, il passa le Rhin avec son
armée et vint ravager le pays des Lentiens,
qui, affaiblis par la défaite qu'ils venaient
d'éprouver, demandèrent humblement la paix,
que Gratien ne leur accorda que sous la con-

dition que la plus grande partie de la jeunesse lentienne serait incorporée dans les troupes romaines.

Ce fut à la suite de ces événemens qu'au rapport d'Ausone, précepteur de Gratien, ce prince, ayant assuré la tranquillité aux frontières du Rhin et du Danube, obtint le titre de *Germanique* et d'*Alémanique.*

Des historiens rapportent, qu'en 1772 on creusa un canal près de Horbourg, sur l'emplacement même où cette bataille fut livrée, et qu'on y déterra plusieurs débris de lances, de haches, d'armes et d'épées, qui, suivant toute vraisemblance, provenaient de l'affaire dont nous venons de parler.

Vers la fin de l'an 406, *Argentouaria* subit tous les ravages inséparables de la présence des Vandales : ses murs furent abattus ; il n'y resta plus qu'une espèce de fort, qu'Attila détruisit plus tard. *Argentouaria* perdit son nom et devint la ville de Horbourg.

Un autel dédié à Apollon, découvert dans ce lieu jadis si important, fut transporté à la Bibliothèque de Strasbourg. Beaucoup de figures et de têtes, mais sans inscriptions, sont encore en évidence dans les murs de quelques maisons à Horbourg, et on y trouve fréquemment des monnaies romaines des quatre premiers siècles.

En 1780 on a découvert les restes des anciens murs d'*Argentouaria*; ils étaient absolument au niveau du sol : leurs fondations avaient l'épaisseur de treize pieds, et la superficie du mur même, au point où elle a été reconnue, avait sept pieds d'épaisseur. D'après les recherches que l'on fit à la même occasion, il parut évident que l'enceinte d'*Argentouaria* contenait deux mille cent soixante pieds de France.

Les pierres, comme celles des murs romains, étaient jointes par des morceaux de bois en forme de queue d'aronde. On y avait cependant employé du ciment, devenu d'une telle dureté qu'il résistait à la pioche beaucoup plus que la pierre.

Larga (Larg).

Larga, aujourd'hui le village de Larg, situé près de Ferrette et d'Altkirch, était occupé par les Romains pour la sûreté de la route militaire qui de Besançon dirigeait sur le mont *Brisiachus.*

Urunci ou *Urancœ* (Illzach).

Même observation pour *Urunci*, qui n'est plus que le village d'Illzach près de Mulhausen : on y a trouvé fréquemment des objets d'antiquité romaine.

Helvetus (Ell).

Helvetus est en ce moment le village d'Ell, sur la rive droite de l'Ill, à quatre lieues de Sélestat et à six de Strasbourg : c'était un des lieux les plus importans des Triboques ou Bas-Alsaciens, et il était occupé par une forte garnison romaine. M. le professeur Schweighæuser, fils, semble croire qu'*Helvetus* appartenait déjà aux antiques habitans Médiomatriciens ; mais nous devons nous en rapporter à la Géographie de Ptolomée, auteur du deuxième siècle de l'ère chrétienne, et qui attribue *Helvetus* aux Triboques. Ce lieu subit, dans le cinquième siècle, le sort de la plupart des places situées sur les bords du Rhin, c'est-à-dire qu'il devint la proie des Vandales, des Allemands et des Huns, et fut converti en un simple village.

La fouille de ses ruines a offert dans les

temps passés des découvertes d'un grand intérêt : on y a trouvé un grand nombre de
médailles, de vases et de restes de l'antiquité
païenne. Les Suédois, dans la guerre qu'ils
ont portée en Alsace, ont employé une grande
partie des matériaux provenant de l'ancien
Helvetus à relever les fortifications de Benfeld, qui devint entre leurs mains un poste
fort important.

Voici ce que nous dit M. le professeur
Schweighæuser, fils, dans sa Notice sur les
recherches relatives aux antiquités du département du Bas-Rhin.

« Deux autels trouvés à Ell, représentant
« sur les quatre faces quatre divinités, parmi
« lesquelles Hercule, Mercure et Minerve
« se rencontrent chaque fois, et dont la qua-
« trième paraît être sur l'un Vesta ou Junon,
« et sur l'autre Apollon, ornent aujourd'hui
« les bosquets d'une campagne appartenante à
« M. Beyer et située à Hüttenheim, à un quart
« de lieue de Benfeld. Une ancienne inscrip-
« tion, provenant également d'Ell, par laquelle
« une enceinte en pierres sèches était consa-
« crée aux déesses Maires, dont l'intérieur des
« Gaules offre des monumens plus fréquens,

« se trouve dans la même campagne. M. Bar-
« rois, directeur des domaines de notre dé-
« partement, possède plusieurs beaux bronzes,
« et entre autres un Mercure d'une pose très-
« élégante, venant également d'Ell. J'ai acheté
« au même endroit, pour notre cabinet d'an-
« tiquités, une assise d'une colonne provenant
« vraisemblablement d'un temple de ce dieu,
« qui, ici, pouvait fort bien avoir été invoqué
« comme dieu du commerce, puisque le
« hameau d'Ell est resté, jusqu'à nos jours,
« en possession d'une grande foire annuelle,
« qui, d'après une tradition, y était établie
« dès les temps du paganisme. »

M. l'abbé Grandidier, en observant qu'*Helvetus* était autrefois un lieu très-considérable, nous dit qu'il doit être regardé comme
le berceau du christianisme en Alsace, puisque, d'après lui, il fut le premier endroit
où S. Materne prêcha l'évangile : il ajoute
qu'on y voyait encore au commencement
du seizième siècle un grand nombre de figures de divinités païennes, d'anciennes médailles et de vases antiques qui servaient aux
Romains.

Drusenheim.

Nous ne parlons de Drusenheim que pour relever l'erreur, assez commune, d'après laquelle ce village aurait remplacé une ancienne forteresse construite par *Drusus*. Elle a déjà été combattue par plusieurs auteurs, et il demeure bien constant qu'outre que ce lieu n'a fourni jusqu'à présent aucune trace quelconque d'antiquités romaines, il portait dans le moyen âge, d'après des titres authentiques, le nom de Drosenheim, et qu'ainsi ce n'est que par corruption qu'il nous est connu aujourd'hui sous celui de Drusenheim.

Saletio (Seltz).

Il est incontestable que la très-petite ville de Seltz, située fort près du Rhin, dont elle n'a que trop souvent subi les ravages, a remplacé la ville assez importante de *Saletio,* occupée par les Romains, et dont il est fait une mention assez fréquente. *Saletio,* placé sur la route romaine, avait une forte garnison, qui recevait les ordres du duc résidant à Mayence. On y a découvert, ainsi que dans les environs, plusieurs médailles et objets d'antiquité, qui ont été déposés dans quelques cabinets, et entre autres un autel à quatre faces, qui semble avoir été consacré à Mercure, à Minerve, à Hercule et à Vesta.

Ammien Marcellin donne à *Saletio* le nom de *Salis,* qui doit désigner une habitation voisine d'une eau, et qui dérive, d'après Bulet, des deux mots celtiques, *sal,* habitation, et *es,* rivière. D'après l'abbé Grandidier, cet endroit formait autrefois la séparation du pays des Triboques et des Némètes, comme il a fait ensuite celle des deux diocèses de Strasbourg et de Spire.

Tribuni (Lauterbourg).

Je sais qu'en posant en fait que Lauterbourg est le *Tribuni* des anciens, je ne suis point d'accord avec M. le professeur Schweighæuser, fils, dont l'opinion est d'ailleurs d'un très-grand prix à mes yeux ; mais la mienne s'accorde avec celle de quelques auteurs, et particulièrement avec celle de Schœpflin, aux recherches duquel M. Schweighæuser ne peut se refuser de rendre hommage. Ce savant s'en explique positivement, tome I.er, page 228, *Alsat. illust.* C'est précisément ce qu'Ammien Marcellin rapporte de la défaite de Chnodomaire par Julien, et que j'ai mentionné très

au long par une notice particulière, qui fortifie mon opinion: c'est aussi celle de l'abbé
Grandidier, dont les savantes recherches mé-
ritent toute notre confiance, et dont la mort
trop prématurée nous impose de longs regrets.
Il observe, au livre second de son Histoire
d'Alsace, page 77, que la situation favorable
de Lauterbourg, et les médailles des premiers
siècles qu'on y a trouvées de temps à autre,
font juger que cette ville fut bâtie dans les
environs ou sur l'emplacement de l'ancien
Tribuni, dont Ammien Marcellin fait mention
en même temps que de *Concordia.*

Concordia (Altstadt).

Altstadt, près de Wissembourg, où l'on a
découvert plusieurs antiquités romaines, est
incontestablement l'ancienne *Concordia,* dont
parle l'Itinéraire d'Antonin. C'est à la fois
l'opinion de Schœpflin, pages 232, 233 et 234;
de Danville, page 235, et de l'abbé Grandidier, page 77. Il nous est donc impossible
d'adopter les doutes de M. le professeur
Schweighæuser, fils, et nous maintenons, sous
ce rapport, le récit que nous avons fait de la
bataille livrée par Julien en 357.

Brocomagus (Brumath).

Le très-grand nombre d'antiquités que l'on a trouvées à Brumath, suffirait pour constater que ce lieu est l'ancien *Brocomagus,* dont parlent Ammien Marcellin, l'Itinéraire d'Antonin et la Table théodosienne, si cette identité n'était démontrée par le nom même de Brumath et par la position décrite par ces mêmes auteurs. Ce bourg a même conservé le nom de *Brocomag* sous les rois Carlovingiens et jusqu'à la fin du dixième siècle. Situé autrefois surtout dans un lieu marécageux, Brumath porte avec lui la signification de son ancien nom celtique *Broc* (bouc). Les trois auteurs que nous avons cités, en parlent sans se renfermer absolument dans la même dénomination, quoiqu'il soit toujours question du même lieu. Ptolomée l'appelle *Breucomagus ;* Ammien Marcellin et l'Itinéraire d'Antonin, *Brocomagus,* et la Table théodosienne dit *Brocomacus.*

M. le professeur Schweighæuser partage notre conviction ; et il est difficile, en effet, de ne pas admettre que Brumath est l'ancien *Brocomagus* , malgré toutes les variations

que sa dénomination a pu éprouver. Ce savant
nous fait connaître que c'est à Brumath que
l'on a découvert, dans la première moitié du
siècle passé, la seule pierre milliaire bien cons-
tatée que notre pays ait offerte, et que son
inscription prouve qu'elle a été placée, au nom
de l'État ou du peuple des Triboques, sous
l'empereur Valérien, dont le règne, com-
mencé en 253, s'est terminée l'an 259 de l'ère
chrétienne. Cette pierre milliaire, donnée à
Schœpflin, a enrichi notre bibliothèque publi-
que, avec beaucoup d'autres objets que nous
devons également à Brumath. Tels sont une
pierre votive, élevée à Jupiter et à Junon, dé-
terrée en 1733; un autel carré d'Apollon, de
Minerve, de Vesta et de Vénus, trouvé en 1742;
une colonne élevée en l'honneur de l'empereur
Valérien par la nation des Triboques, etc.

M. l'abbé Grandidier rapporte que quelques
ouvriers, en travaillant, au commencement de
1783, à la chaussée voisine de Brumath, y
ont découvert un vase de verre qui avait autrefois servi d'urne cinéraire : c'est le même
qui a été l'objet de la description publiée
par le professeur Oberlin dans l'Almanach
d'Alsace de 1784.

Tres Tabernæ (Saverne).

Saverne est le *Tres Tabernæ* qui, au rapport d'Ammien Marcellin, fut ravagé par les Allemands lors de leurs invasions dans les Gaules, et dont Julien fit relever les fortifications, avant de combattre Chnodomaire, en 357. Il lui importait de couvrir sa retraite, dans le cas où la victoire n'eût point accompagné les enseignes romaines.

Le *Tres Tabernæ* était une forteresse construite par les Romains pour arrêter les incursions des Allemands du côté des Vosges. M. l'abbé Grandidier pense qu'elle avoisinait des *tavernes* destinées à conserver les vivres de la garnison et à rafraîchir les troupes romaines dans leur passage, et que c'est de ces tavernes que la forteresse tira son nom. Il en est fait mention dans Ammien Marcellin, dans l'Itinéraire d'Antonin et dans la Table théodosienne.

M. le professeur Schweighæuser, fils, dans sa Notice sur les antiquités du département du Bas-Rhin, exprime ses regrets de ce que plusieurs monumens romains, que Schœpflin avait remarqués dans cette ville, aient disparu; il observe que notre cabinet d'antiquités ne possède qu'une petite Cybèle trouvée en ce lieu.

Cependant M. l'abbé Grandidier, dans son Histoire d'Alsace, livre 2.°, page 75, parle de la découverte, faite à Saverne, des monumens sépulcraux de la maison Caratienne, sur lesquels toutefois il ne donne aucun détail.

Argentorat (Strasbourg).

Nos idées sur la véritable origine de Strasbourg ne sont pas fixées : nous consultons en vain nos vieilles chroniques et les auteurs qui ont écrit depuis. L'abbé Grandidier, que la mort nous a enlevé au moment même où il jetait un si grand jour sur l'histoire de notre pays, n'a pu résoudre cette difficulté, ni lever le voile qui couvre les premiers temps de l'ancien *Argentorat*. Il y avait de la sagesse à ne point s'abymer dans des conjectures fabuleuses : il s'est borné à nous dire ce que ses pénibles recherches lui offrirent de plus certain.

Il observe qu'*Argentorat* passait, chez les Celtes, pour la cité la plus considérable de l'Alsace médiomatricienne ; que Ptolomée, géographe grec du second siècle, qui ne fait mention que des principales villes des Gaules, la met de ce nombre, avec Helbeck ou Helvet et avec Breucomage; que le nom d'*Argentorat* n'est pas d'origine romaine, comme l'ont cru la plupart des historiens d'Alsace; qu'il dérive du celtique, et signifie un lieu muré, situé près du confluent ou à la rupture d'une rivière. M. l'abbé Grandidier combat la chimère de quelques modernes, qui prétendent que l'ancien *Argentorat* se trouvait près de Graffenstaden, dans l'endroit où l'Ergers se jette dans l'Ill, à plus d'une lieue et demie au-dessus de Strasbourg. Il observe que cette opinion est trop singulière et trop ridicule pour mériter d'être réfutée sérieusement. Il pense, et c'est aussi le sentiment de Schœpflin, qu'*Argentorat* était situé sur les bords de l'Ill, qu'on nomme la Bruche dans l'intérieur de la ville, mais un peu plus près du Rhin que n'est aujourd'hui Strasbourg; que son ancienne position paraît avoir été le long des eaux d'un bras de ce dernier fleuve, qui entre aujourd'hui dans la ville près de l'hôpital militaire et se jette dans l'Ill au pont Sainte-Catherine, dans le voisinage du couvent des grands-capucins, où l'on découvrit, en 1683, une statue de bronze d'Hercule, ainsi que de l'église Saint-Étienne, dont l'ab-

baye fut fondée, vers l'an 717, au milieu
des ruines de l'ancien *Argentorat;* que c'est
près de l'emplacement occupé aujourd'hui par
l'ancienne église de Saint-Étienne que commençait le bois ou bosquet que nos ancêtres
celtes avaient consacré aux cérémonies de leur
religion, lequel s'étendait jusqu'à la cathédrale, où il se terminait; que c'est à l'entour
de ce bois et tout à côté des anciens restes
d'*Argentorat,* dévasté par les barbares, que
fut établie, au sixième siècle, la ville de Strasbourg, qui prit alors la place de l'*Argen-*
torat celtique et romain; que la direction
des différens chemins qui y aboutissent, mar-
qués dans l'Itinéraire d'Antonin, l'autorité de
Grégoire de Tours, qui écrivait vers l'an 590,
et le témoignage constant des historiens de
tous les siècles, ne permettent pas le moindre
doute à cet égard.

Hertzog, auteur d'une Chronique d'Alsace,
est bien moins réservé dans ses dires; mais
il tombe dans une contradiction très-remar-
quable dès le commencement de son ouvrage.
Après avoir établi que Treiber était petit-fils
du roi Tuitscho, qu'il fait mourir 307 ans
après le déluge, il attribue à l'un et à l'autre

l'avantage d'avoir fondé la ville de Trèves. Il
dit que Treiber était fils de Ninus, roi de Ba-
bylone, et de la première femme de ce prince;
qu'il abandonna sa patrie pour se soustraire
aux recherches incestueuses de Sémiramis,
seconde femme de Ninus; et qu'après avoir
erré dans différentes contrées, il parvint sur
les bords de la Meuse et se détermina enfin
à s'établir avec son monde dans l'emplacement
qu'occupe aujourd'hui la ville de Trèves;
qu'il fonda, et qui devint une des premières
villes de l'Allemagne et la plus importante.

D'après Hertzog, la grande sagesse, les
hautes vertus de Treiber, attirèrent dans la
même contrée de nombreuses peuplades, qui
s'établirent le long du Rhin, fondèrent un
grand nombre de bourgs et de villages, et
finalement les villes de Cologne, de Mayence,
de Worms, de Strasbourg et de Bâle.

Le même auteur ajoute que Trèves conserva
la suprématie sur toutes ces villes, que Saverne
dut également son origine à Treiber, et en
ceci il n'est pas d'accord avec d'autres historiens, qui attribuent à Tibère la fondation
de Saverne, de Bergzabern et de Rheinzabern.

A l'en croire, Jules César vint, cinquante

ans avant la naissance de Jésus-Christ, faire le
siége de la ville de Trèves, s'en rendit maître,
et fit éprouver le même sort aux villes de
Mayence, Cologne, Worms, Strasbourg et Bâle.

D'après la Chronique de Kœnigshofen,
Strasbourg aurait été fondé par les Trévirois
à peu près douze cents ans avant la naissance
de Jésus-Christ.

Hertzog prétend que ce fut soixante ans
après la naissance de Jésus-Christ que S. Materne, accompagné de ses disciples Valère et
Eucharie, revint à Strasbourg, où il avait
d'abord été mal accueilli, pour y établir l'empire de la religion chrétienne ; qu'il y fonda
l'église de Saint-Pierre-le-vieux, qui fut ainsi
la première élevée au christianisme ; que cette
église était alors très-éloignée de la ville, qui,
à cette époque, ne renfermait que l'emplacement compris entre Saint-Étienne et la rue
Mercière, le fossé-des-tailleurs étant alors le
fossé de la ville, et la place du ci-devant
marché-aux-poissons se trouvant hors de ses
murs.

Beatus Rhenanus pense que du temps des
Romains Strasbourg s'étendait déjà jusqu'à
l'église de Saint-Guillaume. Jean Fischart va

bien plus loin, et le pousse jusqu'à Graffenstaden; mais l'abscence totale de tous vestiges,
de toutes ruines d'une pareille enceinte, prive
cette conjecture de tout fondement, et d'autant plus que l'on connaît la durée des constructions romaines.

M. le professeur Schweighæuser, fils, croit
que l'ancien emplacement d'*Argentorat* se
bornait aux portions actuelles de la ville de
Strasbourg renfermées entre la ligne formée
par les maisons de derrière des rues du vieux
marché aux poissons, des grandes-arcades
et du côté oriental de la place d'armes;
qu'une autre ligne traversait l'emplacement
du collége de Saint-Guillaume et passait
sous les maisons du côté de la rue Brûlée
dont les derrières donnent sur le Broglie,
jusqu'aux anciens greniers de la ville, formant aujourd'hui les magasins du théâtre et
les archives de la préfecture; qu'une troisième
ligne était parallèle aux faux-remparts jusqu'à
la ci-devant abbaye de Saint-Étienne, qui
paraît avoir remplacé le palais du *comes
argentinensis;* et que la quatrième ligne,
enfin, remontait la rivière d'Ill jusqu'aux
grandes-boucheries.

Silbermann, et l'on peut s'en convaincre
en consultant son Histoire locale de Strasbourg, a constaté la plupart des anciennes
fondations de l'enceinte romaine, et elles se
rapportent aux lignes décrites par M. Schweighæuser, fils.

D'après le même Silbermann, il est impossible de fixer l'origine de la ville de Strasbourg : il observe avec vérité que la première
mention que l'on en trouve est faite par Ptolomée, et ce qu'il en dit remonte à la seconde
année de l'ère chrétienne. Ptolomée rapporte
que la huitième légion romaine y tenait garnison.

C'est pendant la guerre que Julien soutint
contre les Allemands, que l'histoire fait une
mention plus particulière de Strasbourg. Les
auteurs s'accordent assez à reconnaître qu'en
supposant à cette ville une origine celtique,
il n'en serait pas moins vrai qu'elle n'aurait
acquis une certaine importance que du temps
des Romains.

On ne varie pas moins sur la véritable éty-
mologie de son nom. Suivant Hertzog, la ville
de Strasbourg, que précédemment on appelait *Argentoratum* ou *Silbertina,* prit le
nom de Strasbourg, parce que l'empereur

Otton I.ᵉʳ, qui régna en 937, et qui vint la ravager, pour la punir d'avoir donné des secours à la France qu'il combattait, la fit couper en forme de croix, à travers ses habitations et à voies très-larges : d'autres attribuent cette dévastation à Attila.

Silbermann, et c'est aussi l'opinion de Schœpflin, est d'avis que son nom doit être attribué à la facilité que cette ville offrait pour le passage sur les deux rivières de l'Ill et de la Bruche.

Nous pensons, avec M. le profess. Schweighæuser, fils (dans ses Notices sur les antiquités du pays), que la connaissance très-imparfaite que nous avons de la langue des anciens Gaulois, rend toutes ces étymologies très-incertaines. Il ne parle pas avec moins de réserve de la véritable origine de notre ville. En partant de la considération que Ptolomée nomme d'abord *Argentoratum*, puis seulement les Triboques et leurs villes, ce qui présenterait l'idée de deux peuples différens, il semble à M. Schweighæuser que Ptolomée s'est trompé. Il observe que toutes les vraisemblances générales conduisent à croire que notre ville, soit qu'elle ait eu pour premiers fondateurs les Médiomatriciens, soit qu'elle ait été dès l'origine un simple fort bâti par les Romains, soit que les Triboques aient été ses fondateurs, faisait partie du territoire de ce peuple, dont elle était circonscrite, et que, suivant toute apparence, elle formait la plus grande partie de sa population.

Jules César, Strabon et Ptolomée s'accordent à dire que, dans les temps les plus reculés, l'Alsace était occupée par les Séquaniens et les Médiomatriciens ; que les premiers habitaient la haute Alsace, et les derniers la basse Alsace, jusqu'au temps de César, où les Médiomatriciens se virent contraints de céder entièrement leur territoire aux Triboques, peuple d'origine germanique, lesquels précédemment avaient déjà tenté d'envahir la haute Alsace. Schœpflin, dans son *Alsatia illustrata,* a donné sous ce rapport des développemens fort étendus et très-propres à fixer les idées.

M. le professeur Schweighæuser, dans son excellente Notice sur les antiquités de la ville de Strasbourg, fait l'énumération des diverses découvertes dont elles ont été l'objet de temps à autre. Il parle d'un bas-relief de *Lepontius,*

conservé dans notre cabinet des antiquités,
décrit par Schœpflin et Oberlin, et qui a été
trouvé dans la cave d'une maison de la rue
Brûlée, en face de l'hôtel de la mairie, et conséquemment dans l'intérieur de la ville romaine;

D'une grande quantité de décombres mêlés
de briques romaines, portant la marque de la
huitième légion, et de plusieurs médailles de
l'empereur Claude II ;

D'un petit bronze assez élégant, représentant Jupiter fulminant, déterré auprès du mar-
ché-aux-chevaux, et conséquemment tout près
de l'enceinte de l'ancienne ville ;

De beaucoup de médailles romaines, et
même d'empereurs des premiers siècles, trouvées en creusant les fondations de la nouvelle
maison de justice, emplacement situé en dehors
de l'enceinte antique.

Parmi plusieurs autres découvertes dont fait
mention M. le professeur Schweighæuser, il
rapporte que, d'après les papiers de Specklin,
lorsqu'en 1560 on prit, pour élever le rem-
part entre la porte de Pierre, où passe la
route de Brumath, et la porte de Saverne, de
la terre des terrains trop élevés qui existaient
entre ces deux portes, on découvrit un grand

6

nombre d'antiquités romaines, consistant en
pierres, murs, voûtes, armures, armes, médailles d'or et d'argent.

Au surplus, les recherches ont été reprises
à diverses époques ; et nous croyons rendre
service à nos lecteurs, en leur communiquant
une lettre qui nous a été écrite, le 6 Mai 1816,
par MM. Herrenschneider et Schweighæuser,
fils, bibliothécaires de la ville : elle prouve à
la fois leur érudition et leur sollicitude pour
le grand intérêt qu'ils poursuivent sans relâche.

« Strasbourg, le 6 Mai 1816.

« MONSIEUR LE MAIRE,

« Nous avons tardé jusqu'ici à vous rendre
« compte du résultat de la fouille que vous avez
« eu la bonté d'autoriser, il y a déjà plusieurs
« mois, hors de la porte Blanche, et dans le
« champ et sur l'offre de M. Ruhlmann, jardi-
« nier, non loin du lieu où l'on a trouvé des
« urnes romaines pendant le dernier blocus.

« Les objets d'antiquité trouvés dans ce
« champ ayant consisté surtout en un assez
« grand nombre de fragmens de vases d'une
« terre rouge assez belle, et dont quelques-uns

« étaient ornés de figures en relief, sans que
« nous ayons pu nous procurer un seul de
« ces vases conservé en entier; nous voulions
« du moins comparer ces morceaux avec d'au-
« tres du même genre qu'on nous disait avoir
« été trouvés auprès du village de Heiligenberg,
« à l'entrée de la vallée de la Bruche, afin de
« parvenir, s'il était possible, à quelques don-
« nées générales sur la nature et la fabrication
« de ces vases antiques, dont on a découvert
« également un grand nombre de fragmens,
« ornés de figures représentant tantôt des
« sujets de la mythologie païenne, tantôt des
« symboles chrétiens, à Ittenwiller, ancienne
« commanderie de l'ordre de Malte, située
« au-dessous de la petite ville d'Andlau.

« La course de Heiligenberg n'a pu avoir
« lieu que ces jours-ci, et nous avons trouvé
« effectivement, chez M. Kuntz, curé de ce
« village, des fragmens de vases absolument
« du même genre et de la même terre que
« ceux qui ont été tirés du champ de M. Ruhl-
« mann. Les uns et les autres sont d'une pâte
« un peu plus épaisse et ornés de bas-reliefs
« d'un travail un peu plus grossier que ceux
« d'Ittenwiller, mais en partie fort intéressans

« par les sujets qui y sont représentés. Ce sont
« tantôt des figures enveloppées d'un manteau,
« assises sur un siége carré et alternant avec
« des figures suspendues en l'air, au-dessus
« d'une coupe, fléchissant les genoux et éle-
« vant une main vers le ciel; des animaux
« fabuleux et réels; un Apollon assis et te-
« nant une lyre, une Minerve; une figure
« d'Encelade, avec ses pieds de serpens et une
« massue menaçante, etc. Ces figures sont
« environnées d'ornemens qui, quoique d'un
« travail assez grossier, montrent beaucoup de
« goût dans le dessin. Sur l'un des morceaux
« trouvés auprès de Heiligenberg, lequel repré-
« sente une lutte de sangliers et de lions, de ti-
« gres et de léopards, entrecoupée de pampres,
« se trouve au-dessous du bord supérieur du
« vase le mot CIRIVNAI, qui pourrait donner
« matière à une dissertation fort intéressante,
« s'il était permis de le rapprocher de l'inscrip-
« tion d'un autel trouvé à Saint-Avold en Lor-
« raine et conservé dans notre Musée, où le
« nom de *Deironæ*, écrit ailleurs *Sironæ*, et
« joint à Apollon *Grannus*, a été reconnu par
« les antiquaires comme désignant la sœur de
« ce dieu, la déesse des chasses et des enfers. On

« a cherché des étymologies grecques et orien-
« tales de ce nom, mais il pourrait aussi être
« d'origine celtique et exprimé de différentes
« manières sur les monumens du temps des
« Romains ; ou bien, si l'on veut regarder le
« nom de *Deirona* comme une altération de
« Diane, *Ciriuna* peut l'être à plus forte raison
« de Cérès. L'on sait que, dans les allégories
« de la fable, ces deux divinités se tenaient
« de fort près; elles étaient peut-être iden-
« tiques chez les Celtes, dont, selon César,
« l'époux de la fille de Cérès, qui est en même
« temps Diane, était la principale divinité.

« Ce qui du moins paraît positif, c'est
« que dans plusieurs endroits de notre Alsace
« on fabriquait, du temps des Romains, des
« vases couverts de figures mythologiques et
« quelquefois mystérieuses, qui, sous ce rap-
« port, comme aussi par leur usage dans les
« sépultures, ont quelque analogie avec les
« vases dits étrusques, dont les peintures ont
« fourni aux antiquaires l'occasion de tant de
« recherches curieuses.

« Au-dessous de la colline où est situé le
« village de Heiligenberg, et au milieu d'un
« emplacement rempli de fragmens de vases,

« on a déterré, vers le milieu du dernier
« siècle, des fourneaux qui semblent avoir
« servi à la fabrication de ces vases. On re-
« connaît aussi aux environs un lieu d'où
« paraît avoir été tirée la terre rougeâtre qui
« fait la base de leur pâte. On a même décou-
« vert dans ces environs, ainsi qu'à Ittenwiller
« et autres endroits de la basse Alsace, des
« fragmens de moules et des moules entiers
« dans lesquels ces vases étaient façonnés.

« Le lieu où se trouve aujourd'hui l'église
« de Heiligenberg paraît avoir été occupé au-
« trefois par un petit fort ou château romain,
« puisqu'on y a trouvé, au milieu d'une en-
« ceinte antique, non-seulement des flèches de
« fer et d'autres instrumens qui paraissent être
« du moyen âge, mais de plus un assez grand
« nombre de médailles des empereurs ro-
« mains, depuis Auguste jusqu'au Bas-Empire.
« On reconnaît encore aujourd'hui les fossés
« et des parties de mur de ce petit fort, et ils
« ne se distinguent pas sensiblement de ceux
« de nos châteaux forts du moyen âge; ce qui
« pourrait faire remonter à une époque plus
« reculée qu'on ne le croit vulgairement, la
« première fondation de plusieurs de ces

« châteaux, placés d'ailleurs dans des lieux
« de l'abord le plus difficile et au milieu de
« montagnes qui, même dans le moyen âge,
« paraissent avoir été très-peu habitées.

« Ces médailles ont également été recueillies
« par M. Kuntz, homme très-instruit, qui
« possède et connaît les meilleurs ouvrages
« sur les antiquités de notre province, et
« dont nous désirerions que le nom fût connu
« des autorités supérieures et du public, et
« que le zèle servît d'exemple à ceux de ses
« confrères que leur position met en état de
« fournir, comme lui, des renseignemens sur
« l'histoire ancienne de notre pays. Ceux que
« nous a procurés M. Kuntz, sont de vérita-
« bles découvertes; car les antiquités du
« Heiligenberg étaient absolument inconnues
« à Schœpflin et aux autres auteurs de l'his-
« toire ancienne de l'Alsace. Il a aussi entendu
« dire à des vieillards de sa paroisse, que l'on
« a trouvé à plusieurs reprises, dans la même
« enceinte, des médailles portant l'empreinte
« de trois abeilles, et qu'il attribue, avec
« raison, aux rois Francs qui ont résidé dans
« ces environs dans les premiers temps de la
« monarchie. Lui-même a découvert des traces

« d'une route ancienne qui passait du château
« de Gierbaden au Heiligenberg, et s'étendait
« jusqu'aux châteaux de Saverne.

« Nos fouilles du champ de M. Ruhlmann
« ne nous ont malheureusement point offert
« des résultats d'un intérêt aussi sensible au
« premier coup d'œil. Outre les fragmens de
« vases dont nous avons parlé, quelques mor-
« ceaux d'une pierre blanche, qui peuvent
« être du marbre altéré par le temps et avoir
« appartenu à un autel, mais dont rien ne
« constate la haute antiquité; des cornes d'a-
« nimaux que l'on pourrait croire des restes
« d'anciens sacrifices, mais qui peuvent aussi
« avoir été transportées dans ce champ avec
« ces morceaux de pierre et des fragmens de
« vases, pour remplir d'anciennes excavations
« qui y ont été faites, et dont nous allons
« également vous entretenir, on n'y a trouvé
« que deux médailles romaines, l'une de
« Domitien et l'autre d'Antonin, et deux
« aiguilles d'ivoire, dont l'une se termine en
« pointe, l'autre en un petit nœud arrondi.

« Ces petits instrumens nous ont paru,
« dès le premier moment, avoir servi à tracer
« des figures sur l'argile; on pourrait même

« supposer qu'ils avaient été employés à faire
« les moules des vases figurés répandus dans
« ce champ, si l'on avait d'ailleurs trouvé
« des preuves ou des indices que ces vases
« ont été fabriqués dans ce lieu. Mais ils peu-
« vent du moins avoir servi à tracer sur les
« grosses briques, portant le chiffre de la
« huitième légion romaine (découvertes à plu-
« sieurs reprises dans les mêmes environs,
« couvrant des tombeaux, et dont la terre est
« analogue à celle de ce champ), ou dans des
« moules qui y furent appliqués, ces marques
« antiques et d'autres dessins dont ces briques
« sont quelquefois couvertes. Il serait assez
« curieux, sans doute, de posséder encore
« aujourd'hui ces instrumens fragiles, maniés
« dans notre pays par des mains romaines,
« il y a plus de seize siècles; et la chose n'est
« nullement impossible en elle-même, puisque
« l'on trouve quelquefois dans nos contrées,
« enfouies dans la terre et environnées de
« couches d'un sable mêlé d'or natif, des dents
« d'éléphant d'une bien autre antiquité.

« Nous avons découvert, il y a peu de jours,
« sur l'indication de M. Eckel, l'un de nos
« concitoyens, qui s'occupe avec le plus de

« zèle de l'étude des monumens de l'art de
« l'antiquité, près de l'ancienne Chartreuse
« et du chemin d'Eckbolsheim, sur un lieu
« élevé qui pouvait offrir une fort bonne
« position de campement, un assez grand
« nombre de briques, en partie du même
« genre que celles qui ont servi à couvrir des
« tombeaux, et dont plusieurs portent égale-
« ment le chiffre de la huitième légion,
« *Legio VIII Augusta,* et d'autres dessins
« de fantaisie; mais elles sont d'une terre
« plus rouge que les autres, terre dont on
« voit encore des traces évidentes dans ce
« lieu, où nous avons déterré aussi plusieurs
« fragmens de vases de différens genres, mais
« sans figures. La tradition locale parle même
« d'un ancien four à briques dont on y aurait
« trouvé des traces.

« Les excavations remarquées dans le champ
« de M. Ruhlmann sont des trous carrés d'en-
« viron quatre pieds dans les deux dimensions
« horizontales, et s'enfonçant à vingt-trois ou
« même à vingt-cinq pieds dans la terre, à
« travers une argile compacte jaunâtre, jus-
« qu'à des veines de sable qui forment les
« couches inférieures. Ces trous sont remplis

« d'un terrain meuble, dont les enfoncemens,
« observés à différentes reprises, ont occa-
« sioné et prolongé les fouilles faites dans
« ce champ, tant par le propriétaire que
« d'après vos ordres. C'est dans le premier,
« découvert par le propriétaire lui-même,
« que l'on a ramassé les morceaux de pierre,
« les cornes et l'une des médailles dont nous
« avons parlé : ces objets se sont trouvés dans
« la terre de remblai, à une assez grande
« profondeur, mais jetés au hasard et sans
« construction quelconque. Rencontrant un
« trou semblable dans la fouille que vous nous
« avez chargés de surveiller, nous l'avons fait
« vider jusqu'au fond, malheureusement sans
« y rien trouver qui fût digne de remarque ;
« car les objets que nous avons cités plus
« haut, étaient à une moindre profondeur.
« Ces excavations n'offrant aucun indice d'un
« usage durable, étant isolées entre elles
« et ne conduisant nullement, comme on
« l'avait d'abord supposé, à une galerie sou-
« terraine ou à une construction quelcon-
« que, il est naturel de croire qu'elles ne
« servaient qu'à en tirer l'argile même dans
« laquelle elles s'enfoncent, et qui est, comme

« nous l'avons dit, analogue à celle de plu-
« sieurs briques antiques. Peut-être y avait-il
« un autre fourneau dans ces environs. Il ne
« serait même pas impossible qu'une galerie
« souterraine qui, à ce qu'on nous assure,
« fut effectivement découverte lorsqu'on creu-
« sa, il y a une trentaine d'années, les fonda-
« tions de la maison de M. Thiess (et dont il
« est à regretter qu'elle n'ait pas été mieux
« observée), ait appartenu à cet établisse-
« ment; peut-être aussi ces briques, après
« avoir été façonnées dans ce lieu, étaient-
« elles cuites dans le fourneau qui paraît
« avoir existé auprès de la Chartreuse. La
« plupart des urnes et autres vases communs,
« découverts dans ces environs, paraissent
« être de la même terre et peuvent avoir été
« fabriqués sur les lieux; mais, comme nous
« n'y avons trouvé aucun fragment de moule,
« et les fragmens de vases rouges figurés (que
« nous avons d'ailleurs déterrés en bien plus
« petit nombre que des fragmens de vases sans
« ornemens) ayant la plus grande ressemblance
« avec ceux trouvés auprès de Heiligenberg,
« nous pensons que les vases les plus ornés
« étaient fabriqués dans cet établissement plus

« éloigné. Peut-être même y avait-il autrefois,
« auprès de ce dernier endroit, que les habi-
« tans appellent *der heilige Berg* (*le mont
« sacré*), et où encore aujourd'hui un arpent
« porte le nom d'*arpent des païens* (*Heyden-*
« *Acker*), et un autre, d'*arpent des idoles*
« (*Götzen-Acker*), un temple où ces vases
« funèbres étaient consacrés, comme parais-
« sent l'avoir été ceux dits étrusques ; car
« l'opinion la plus probable sur ces derniers
« est, qu'ils étaient remis aux personnes qui se
« faisaient initier dans les mystères de Cérès,
« qu'ils étaient conservés avec vénération
« pendant tout le cours de la vie et placés dans
« les tombeaux comme un gage de la vie à
« venir que l'on enseignait dans ces mystères,
« et dont le grain confié à la terre et relevant
« la tige vers le ciel était un emblème tel-
« lement naturel, que la fille de Cérès, que
« nous avons cru reconnaître dans la *Ciriuna*
« du Heiligenberg, paraît y avoir été le sym-
« bole de l'ame, pour laquelle le corps n'est
« qu'une demeure passagère et une sorte de
« Tartare où elle est descendue malgré elle.

« Quelle que soit au reste la valeur que
« l'on voudra bien accorder à ces conjectures

« plus ou moins hasardées; il résulte des
« découvertes positives faites sous vos aus-
« pices, Monsieur le Maire, que les établisse-
« mens romains, dans notre pays, étaient plus
« multipliés et plus considérables qu'on ne
« l'a cru jusqu'ici, et que l'industrie y était
« portée à un degré assez remarquable dans
« des temps fort reculés. Il ne serait même
« pas impossible que l'attention appelée sur
« cet objet, et l'analyse des terres dont les
« anciens se sont servis pour faire des vases
« qui durent encore, ouvrissent une voie nou-
« velle à l'industrie actuelle.

« Nous ajouterons à cette occasion, qu'aux
« environs des collines de Hausbergen et à
« Stützheim, on déterre, encore aujourd'hui,
« des tuyaux en argile qui ont servi à un
« ancien aqueduc, et qui se vendent pour
« être employés de nouveau de nos jours.
« On en fabrique depuis quelque temps de
« semblables dans le pays de Bade, et ils ont
« un grand débit. Peut-être la partie mon-
« tueuse de notre province remplacerait-elle,
« avec avantage, par ces sortes de tuyaux,
« ceux en bois dont on s'y sert habituelle-
« ment. Nous n'avons encore pu nous pro-

« curer des renseignemens suffisans sur la
« direction et l'antiquité de ces aqueducs, et
« ce serait encore un objet sur lequel on
« pourrait appeler l'attention des habitans
« des communes qu'ils traversent.

  Veuillez, Monsieur le Maire, accueillir
« l'expression de notre haute considération et
« de notre respect.

« *Les bibliothécaires de la ville,*

  « HERRENSCHNEIDER, professeur ;

  « SCHWEIGHÆUSER, fils. »

SUR

L'ÉGLISE CATHÉDRALE

DE STRASBOURG.

Dans l'analyse que donne le Moniteur du
21 Octobre 1823, n.° 294, de l'*Histoire et
description de la cathédrale de Cologne*,
par M. Sulpice Boisserée, il est dit que l'auteur ne se bornera point à nous faire connaître la cathédrale de Cologne, et que cet
édifice lui servira seulement de terme de
comparaison ; qu'il partira de là, et que cette
cathédrale ne sera que la base de son sys-
tême sur l'architecture d'église ; qu'il exami-
nera cette architecture depuis les premiers
temps du christianisme jusqu'au commencement du seizième siècle ; qu'ainsi son travail
sera à la fois spécial et général, que son objet
sera en même temps historique et théorique :
l'histoire d'un monument, observe-t-on, de-
viendra entre ses mains celle de toute une
branche de l'art.

Jaloux de posséder dans nos murs l'édifice
le plus admirable dans ce genre, édifice qui
n'excite pas moins de surprise par la hardiesse

de l'entreprise, par la force de sa conception, que par les dépenses qu'il a dû occasioner (monument unique et dont on ne peut se rendre compte à soi-même qu'avec la connaissance que, pendant les treize premières années de sa construction, plus de cent mille personnes y ont mis la main par un sentiment de piété, se contentant d'un chétif salaire fourni également par la charité des fidèles); nous ne comprenions pas pourquoi M. Boisserée avait choisi la cathédrale de Cologne pour le premier objet de ses savantes recherches, lorsqu'il trouvait en France même l'édifice le plus remarquable dans le genre gothique, le plus propre à fixer son attention, et à exercer ses savantes et utiles investigations.

Lorsque Strasbourg appartenait encore au corps germanique, la cathédrale de Strasbourg était comptée parmi les sept merveilles de l'Allemagne, et la cathédrale de Cologne, quant au chœur seulement, occupait le second rang.

Voici ce qu'on lisait au-dessus de la porte d'entrée de la bibliothèque métropolitaine de Mayence.

Septem Germaniæ spectamina : turris

7

*argentinensis, chorus coloniensis, horlo-
gium argentinum, organum ulmense, un-
dinæ francofurtenses, mechanica nurem-
bergensis, structura augustana.*

Ainsi dans ces sept merveilles de l'Allemagne la tour de la cathédrale de Strasbourg
et son horloge comptaient pour deux.

Le père Laugier, jésuite, qui s'est livré
aux mêmes recherches qui occupent M. Boisserée, s'explique de la manière suivante sur
la tour de la cathédrale de Strasbourg, dans
son Essai sur l'architecture, page 200.

« Nos anciens ont excellé dans la construc-
« tion des tours : ils en ont merveilleusement
« saisi le goût et poussé trop loin l'artifice.
« Rien n'est comparable en ce genre à la
« tour de la cathédrale de Strasbourg. Cette
« superbe pyramide est un chef-d'œuvre ra-
« vissant par son élévation prodigieuse, sa
« dimension exacte, sa forme agréable; par
« la justesse des proportions, par la singu-
« lière finesse du travail. Je ne crois pas que
« jamais artiste ait rien produit d'aussi hardi-
« ment imaginé, d'aussi heureusement pensé,
« d'aussi proprement exécuté. Il y a plus
« d'art et de génie dans ce seul morceau, que

« dans tout ce que nous voyons ailleurs de
« plus merveilleux. »

L'abbé Grandidier, dans ses Essais histo-
riques sur le même monument, dit avec un
sentiment de vérité et de conviction :

« Ce superbe édifice, l'un des plus éton-
« nans qui jamais aient été entrepris, passe
« avec raison pour un des chefs-d'œuvre d'ar-
« chitecture gothique. Ce monument, malgré
« l'ignorance où l'on était des règles de la
« noble simplicité, de la sage distribution,
« de l'élégance de l'architecture grecque et
« romaine, présente cependant dans son
« total et dans ses parties des beautés d'un
« genre qui lui est particulier. Il faut le voir
« pour en juger, car la plume et le burin ne
« peuvent en donner qu'une idée imparfaite :
« la hauteur et l'élévation de la tour, la pro-
« portion qui règne dans ses parties, la fi-
« nesse des sculptures et la hardiesse de ses
« voûtes, forment un ouvrage digne d'admi-
« ration et unique en Europe. Ses fondemens
« surtout ont été si profondément jetés,
« qu'elle a résisté jusqu'aujourd'hui, quoique
« percée à jour, aux tremblemens de terre,
« aux incendies et aux fréquens orages. »

Mais qu'on lise avec attention l'analyse de l'ouvrage de M. Boisserée, et on verra qu'il n'a pu être question de sa part de maîtriser l'opinion de l'Europe entière, en assignant à la cathédrale de Cologne le rang de supériorité qui est si justement acquis au monument inimitable qui nous appartient, et pour lequel nous n'admettrions aucune sorte de rapprochement.

M. Boisserée, dans l'intérêt de l'étude, pour l'histoire et la philosophie de l'art, voulait un monument qui fût tel que l'architecte l'avait conçu, dont toutes les parties terminées fussent le résultat d'un plan unique. Ce monument s'est trouvé à Cologne, et le dessin original s'en est même conservé : c'est un avantage que nous ne pouvons pas contester à la cathédrale de Cologne.

Nous ne connaissons pas l'architecte qui dressa le plan de la cathédrale de Strasbourg, c'est-à-dire, du vaisseau de l'église. Ce plan n'existe même pas. Nous ne possédons que celui de la tour, dressé sur vélin par Erwin de Steinbach, et conservé avec beaucoup de soin dans les archives de la fabrique de l'œuvre Notre-Dame.

Ce fut Verinhaire, évêque de Strasbourg,
qui, en 1015, posa la première pierre de la
cathédrale proprement dite. Nous apprenons
seulement par l'histoire, que cet évêque fit
appeler, pour en dresser le plan, les architectes qui de son temps jouissaient de la plus
grande célébrité.

Nous voyons que les fondations reçurent
plus de trente pieds de profondeur; qu'elles
furent assis sur des pilotis affermis, liés et
couverts d'un ciment composé de chaux
vive, de briques et de charbons pilés, sur
lesquels on posa les premières pierres de
taille.

Ce ne fut qu'en 1280 que le vaisseau de
l'église se trouva terminé.

Avant tout on avait employé huit années
pour réunir les matériaux que commandait
cette entreprise vraiment gigantesque : on
les tira dans tout leur ensemble de la vallée
dite *Cronthal*, entre Marlenheim et Wasse-
lonne.

Quatre années avant l'achèvement du vaisseau, c'est-à-dire en 1276, on entreprit la
construction de la tour, et, comme nous l'a-
vons dit, sur le plan d'Erwin de Steinbach,

à qui doivent revenir tous les honneurs de la conception.

Cette tour ne put être achevée qu'en 1439 : on a donc consacré cent soixante-deux années à sa construction. Son élévation, d'après le dernier travail des ingénieurs géographes, serait de quatre cent trente-six pieds dix-sept soixante-douzièmes de Paris. Elle était surmontée de la statue de la Sainte Vierge, que l'on fit descendre en 1488, pour la préserver des dangers qu'elle avait fréquemment courus, et qui fut posée, en 1493, au-dessus du portail en face du palais épiscopal, où elle existe encore aujourd'hui.

Erwin de Steinbach, premier architecte de cette tour, mourut le 17 Janvier 1318. Ce fut principalement sous sa direction qu'on éleva le grand et magnifique portail d'entrée, les deux portails collatéraux et celui en face du palais épiscopal.

Erwin eut pour successeur son fils Jean, dont la réputation s'étendit également au loin, et qui parvint à élever la tour presque jusqu'à la plate-forme : il décéda le 18 Mars 1339.

La plate-forme ne fut complétement achevée qu'en 1365.

Erwin de Steinbach, Husa, son épouse, qui possédait à un haut degré l'art de la sculpture, et leur fils Jean, ont été enterrés dans la petite cour attenante à la sacristie du grand chœur, où l'on peut lire leurs épitaphes.

Les architectes qui succédèrent à Jean Erwin et poussèrent la tour jusqu'à son extrémité, sont inconnus. Tout ce que l'on sait, c'est que Jean Hültz, de Cologne, fut appelé au quinzième siècle pour présider à l'ouvrage, qui, comme nous l'avons remarqué, ne put être entièrement terminé qu'en 1439.

Nous avions terminé cette notice, lorsque M. le chevalier Coqueugniot a bien voulu nous adresser les observations suivantes sur la véritable hauteur de la tour de la cathédrale. Nous ne l'avons établie qu'à quatre cent trente-six pieds dix-sept soixante-douzièmes, parce que tel fut le résultat du dernier travail des ingénieurs géographes; mais ce ne fut pas sans une sorte d'hésitation, et nous adoptons d'autant plus facilement les judicieuses remarques de M. le chevalier Coqueugniot, qu'en même temps qu'elles s'accordent avec les anciennes évaluations, nous avons contracté l'habitude d'une très-grande confiance dans

son instruction et dans les soins particuliers qui président à toutes ses recherches.

Au surplus, M. Coqueugniot n'entend point contester la régularité de l'opération trigonométrique que les ingénieurs géographes ont faite; mais il se plaint de ce qu'ils ont pris pour base la nef de l'église, au lieu de faire entrer dans leurs calculs la hauteur des chambres souterraines de ce vaste édifice, et il explique les raisons sur lesquelles ce reproche est fondé. Nous laissons parler M. le chevalier Coqueugniot.

« Suivant une Notice imprimée dans le « premier cahier du Journal de la Société « des sciences, agriculture et arts du dépar- « tement du Bas-Rhin, année 1824, la hau- « teur de la tour de Strasbourg ne serait que « de quatre cent trente-sept pieds de Paris, « tandis que le géographe Lacroix, Moréri « et d'autres auteurs lui donnent cinq cent « soixante-quatorze pieds d'élévation. Je ne « parlerai pas des écrivains alsaciens, parce « que l'on pourrait objecter qu'ils ont été « bien aises d'exagérer les dimensions de ce « premier chef-d'œuvre de l'Europe. Mais « j'appelle à l'appui du témoignage des au-

« teurs que je viens de nommer, le grand
« mémoire statistique qui fut rédigé, en
« 1700, par ordre de Louis XIV, pour l'ins-
« truction du grand Dauphin de France. Cet
« ouvrage, remarquable par les détails qu'il
« donne, par sa précision et par son exacti-
« tude, porte aussi la hauteur de la tour de
« Strasbourg à cinq cent soixante-quatorze
« pieds.

« Cependant les ingénieurs-géographes qui
« ont rédigé la Notice dont je m'occupe,
« disent que l'on a fait de la tour de la ca-
« thédrale un signal qui a servi dans une
« grande opération géodésique, et qu'à cet
« cet effet il a été nécessaire d'en connaître
« la hauteur avec précision ; de sorte qu'en
« admettant comme exactes et la mesure de
« cinq cent soixante-quatorze pieds, trouvée
« anciennement, et celle de quatre cent
« trente-sept pieds, trouvée par les ingénieurs-
« géographes le 2 Mai 1804, il faudrait
« croire que la tour de la cathédrale de
« Strasbourg s'est affaissée de cent trente-six
« pieds ; et comme cet affaissement est in-
« croyable, il faut chercher ailleurs les causes
« de la différence de cent trente-six pieds

« qui existe entre la mesure ancienne et la
« mesure nouvelle, car dans les opérations
« de ce genre on ne commet jamais de faute
« aussi majeure.

« Je lis dans l'Encyclopédie méthodique,
« au mot *Fortifications* (page 445, première
« colonne), que, quand on bâtit près d'une
« rivière, il faut mettre les fondemens au-des-
« sous de son lit, et l'auteur de l'article en
« donne les raisons. Si cette règle doit être
« observée pour des fortifications, il est
« encore plus nécessaire de la suivre lors-
« qu'il s'agit d'asseoir une masse aussi pesante
« que la cathédrale de Strasbourg avec sa
« tour : d'autant plus que, le terrain étant
« généralement mauvais dans toute la ville,
« il a été nécessaire de placer la cathédrale
« sur pilotis.

« D'un autre côté, le rehaussement des
« quais, travail dont il faut sans cesse s'oc-
« cuper, fait voir combien est grande la
« quantité de terres, de sables et d'alluvions
« que les eaux de l'Ill déposent dans son lit :
« de sorte que la ligne de niveau que les
« ingénieurs géographes ont conduite depuis
« la cathédrale jusque sur le quai des bate-

« liers pour découvrir la hauteur de la tour,
« est loin de donner les résultats qu'elle
« aurait fournis il y a quelques siècles.

« J'en ai dit assez pour faire apercevoir
« quelle doit être la hauteur positive des
« murs de la cathédrale de Strasbourg et de
« sa tour, en y comprenant l'épaisseur de la
« masse énorme de terres et pierrailles qu'on
« a amoncelées autour de ce vaste et pesant
« édifice, pour résister aux efforts que font
« naturellement les voûtes qui s'arc-boutent
« sur les chambres souterraines que l'on voit
« sous la nef. L'amoncèlement dont je parle
« n'est pas exagéré par l'adjectif dont je me
« suis servi, puisque, de nos jours, quoique
« les rues aient été exhaussées pendant plu-
« sieurs siècles, il faut encore monter pour
« arriver près de la cathédrale par la rue
« Mercière, celle du Dôme, celle des Frères
« et par la place de l'évêché, c'est-à-dire sur
« les quatre côtés.

« Des voûtes qui s'arc-boutent au bas d'un
« vaste édifice, pour soutenir ses murs en
« dedans, et un massif de terre bien tassé
« extérieurement jusqu'à la hauteur des
« voûtes, pour soutenir les murailles en

« dehors, ne seraient pas d'une nécessité ab-
« solue, si on ne craignait que les accidens
« de l'atmosphère; parce que le bon mortier
« se pétrifie en vieillissant et forme corps
« avec les pierres. Mais malheureusement tous
« les points de l'Europe sont exposés à des
« tremblemens de terre plus ou moins fré-
« quens, et si un accident de cette espèce
« imprimait un mouvement d'oscillation à
« un édifice tel que la tour de la cathédrale
« de Strasbourg, le mur se briserait par le
« bas s'il n'y était point soutenu de manière
« à pouvoir résister à une inclinaison de
« quelques secondes de durée.

« Maintenant, pour réduire les cinq cent
« soixante-quatorze pieds de Strasbourg en
« pieds de Paris, j'établis une proportion
« géométrique, en prenant pour première
« raison le rapport que les ingénieurs-géogra-
« phes ont déterminé par la Notice dont je
« m'occupe, et je dis 489 est à 439, comme
« 574 sont à 510, plus 428 quatre-cent-
« quatre-vingt-onzièmes, c'est-à-dire que,
« comme les historiens l'ont avancé, la hau-
« teur positive de cette merveille européenne
« est de cinq cent dix pieds de Paris, plus

« une fraction de pied, et non de quatre
« cent trente-sept, comme l'ont écrit les ingé-
« nieurs-géographes.

« Cette première erreur de la part des in-
« génieurs-géographes les a entraînés dans
« une autre. Ils disent au commencement de
« leur Notice, en parlant de la tour de Stras-
« bourg, que sa hauteur n'est surpassée que
« de peu de chose par la plus élevée des
« pyramides d'Égypte.

« L'historien Rollin était très-sévère sur
« l'exactitude des faits, et il dit positivement
« que la plus élevée des pyramides d'Égypte
« a soixante-dix-sept toises de hauteur, ce
« qui fait quatre cent soixante-deux pieds de
« Paris : la tour de la cathédrale la surpasse
« conséquemment de cinquante-huit pieds.
« J'ignore si l'armée française, qui a exploré
« l'Égypte, a mesuré la hauteur de la grande
« pyramide, et je pense à cet égard que les
« Mamelouks et les Arabes, qu'elle avait à
« combattre lorsqu'elle était près de ce mo-
« nument, l'occupaient trop pour qu'elle
« s'amusât à faire des opérations trigonomé-
« triques, dont elle n'avait d'ailleurs nul be-
« soin ; et je m'en rapporte à ce qu'a dit

« Rollin, d'après les auteurs grecs et romains
« qu'il a consultés.

« Nous croyons donc, avec toutes les na-
« tions de l'Europe, que la tour de la cathé-
« drale de Strasbourg est réellement l'édifice
« le plus élevé que l'on connaisse. »

DE LA DESTRUCTION

DES JUIFS A STRASBOURG,

EN L'ANNÉE 1349.

Un événement monstrueux a souillé quel⁕
ques pages de l'histoire de notre ville, dans
des temps à la vérité très-éloignés de nous ;
mais le souvenir n'en est pas moins affligeant.
Nous voulons parler de la destruction par le
feu de la presque-totalité des juifs qui habitaient Strasbourg dans l'année 1349, époque
d'ailleurs si déplorable pour eux dans une
grande partie de l'Alsace et de l'Allemagne. Au
surplus, la révolution nous a appris à ne pas
juger les nations par les crimes commis dans
leur sein : quelques révoltés audacieux et sans
nul frein ont pu entacher leur patrie d'un
forfait exécrable, sans imprimer à la masse
entière des bons citoyens le caractère de
réprobation que la postérité leur réserve.

Plus de deux siècles avant le déplorable
événement dont il est question, des fanatiques
avaient parcouru l'Allemagne pour prêcher
l'entière extirpation des juifs ; et vers l'époque
dont nous avons à parler, un gentilhomme

de la Franconie, dont le frère avait été tué
par des Israélites, cria haro contre eux dans
diverses contrées de l'Allemagne, et fit d'assez
nombreux prosélites.

Il n'en fallut pas davantage pour exalter
la tête d'un cabaretier de la haute Alsace,
auquel on donna le nom d'*Armleder,* parce
qu'il portait à son bras une espèce de bracelet
de cuir. Son irritation contre les juifs tenait
de la démence ; il prétendait, et il paraissait
en être convaincu, que Dieu lui avait apparu,
et que, d'après ses commandemens, il devait
user de tous les moyens qui étaient en lui,
pour faire massacrer les juifs sans nulle pitié,
et venger ainsi le fils de Dieu que cette nation
avait fait mourir sur la croix.

Armleder se forma une véritable armée de
tous les partisans qu'il parvint à enrôler. Soit
que les uns fussent fermement persuadés qu'ils
se rendraient agréables à Dieu en égorgeant les
juifs, que d'autres fussent animés de vrais ressentimens contre ces derniers, dont l'usure avait
détruit leurs moyens d'existence; soit que quelques-uns, noyés de dettes, ne connussent plus
d'autre moyen de se libérer, et que la dépouille
des juifs fût d'ailleurs un appât très-séduisant

pour plusieurs, leur force s'accrut au point que, dirigés par Armleder, ils parcoururent toute l'Alsace, égorgeant tous les juifs qui tombaient en leur pouvoir. Ils entrèrent même dans plusieurs villes et villages de l'Alsace, et massacrèrent plus de quinze cents de ces malheureux dans les seules villes de Rouffach et d'Ensisheim, où les juifs avaient pensé que leurs jours seraient en sûreté.

Un grand nombre d'entre eux s'étaient réfugiés dans Colmar : Armleder menaça la ville d'un siége, si elle ne les mettait en son pouvoir. Colmar fut heureusement délivré par la présence de l'empereur Louis, qui mit l'armée d'Armleder en déroute, et en força les débris à se retirer en France.

Berthold, évêque de Strasbourg, fit également des dispositions très-sérieuses pour prévenir les progrès du mal : il forma avec plusieurs seigneurs très-puissans une confédération dont les efforts devaient être dirigés contre ces fanatiques ivres de sang ; et ses mesures produisirent autant d'effet que l'état des choses pouvait le permettre.

Une circonstance infiniment désastreuse aggravait le mal que les bons esprits s'efforçaient de combattre. Une grande partie de l'Europe était ravagée à la même époque par une peste horrible, qui s'était d'abord manifestée le long de la mer, où elle avait dépeuplé plusieurs villes; avait gagné Naples et Marseille, de là la Savoie et la Suisse; était venue désoler l'Alsace, et Strasbourg particulièrement, puisqu'il y périt au-delà de seize mille personnes. Le fait est attesté par plusieurs écrivains, et surtout par Hertzog, auteur de la Chronique d'Alsace.

Dans la disposition où étaient les esprits, on parvint facilement à leur persuader que les juifs avaient empoisonné les puits et les fontaines : peu d'entre eux périssaient de la contagion, et quelques auteurs observent qu'ils ne s'abreuvaient que d'eau de rivière, en ajoutant que les connaissances qu'ils avaient acquises des Arabes versés dans la médecine, les avaient portés à s'abstenir de l'eau des fontaines et des puits, parce que plusieurs tremblemens de terre que l'on avait ressentis avant la peste, avaient introduit dans les sources des parties infectes et de nature contagieuse.

L'irritation était à son comble. A Berne, plusieurs juifs mis à la torture, voulant sans

doute s'épargner des tourmens ultérieurs,
s'avouèrent coupables du crime qu'on leur
imputait, et furent massacrés. Partout où ces
actes de barbarie s'exerçaient, on écrivait
aux autres villes, pour les porter à la même
férocité. A Bâle le peuple força ses magistrats
de jurer qu'aucun juif de la ville ne serait
épargné. Le mal gagnait en raison des ravages
de la peste, et ce fut à Strasbourg surtout
que celle-ci fit les progrès les plus effrayans.

L'ammeistre alors en régence, Pierre
Schwarber, et les deux stettmeistres, Sturm
et Conrad de Winterthur, firent les plus
grands efforts pour détourner le peuple de
Strasbourg des excès auxquels il paraissait
disposé à se porter contre les juifs. Ils lui re-
présentèrent que ces derniers étaient sous la
protection de la ville, protection dont elle
avait accepté le prix; que la ville ne pouvait
violer ses engagemens, à moins qu'on ne pût
démontrer que les juifs étaient vraiment coupables des crimes dont on les accusait. Ces
remontrances, bien loin d'apaiser les esprits,
augmentèrent l'acharnement, et quelques-uns
des mutins poussèrent l'outrage jusqu'à dire
que les chefs du magistrat s'étaient laissé cor-

rompre par l'or des juifs. Enfin, le lundi 10 Février, après midi, tous les corps de métiers, dont les tribus étaient au nombre de vingt, armés et précédés de leurs bannières, se réunirent devant l'église cathédrale, lieu ordinaire des rassemblemens de la bourgeoisie, avec la ferme résolution de parvenir à leurs fins les armes à la main.

L'ammeistre et les deux stettmeistres se rendirent eux-mêmes sur les lieux, et, après quelques représentations vraiment paternelles, et la promesse d'entendre et d'examiner leurs doléances le lendemain matin devant le sénat réuni, les tribus se retirèrent en paix, à l'exception de celle des bouchers, qui s'obstina à rester sous les armes devant la cathédrale et parvint même à ramener les autres tribus. Alors toutes les exhortations des magistrats furent impuissantes : on leur notifia que l'on était fatigué d'eux et de leur gouvernement, dont on modifierait plusieurs statuts. La résolution du peuple paraissant inébranlable, les deux stettmeistres donnèrent leur démission. Une nouvelle réunion, composée de députés du peuple, arrêta plus tard que tout le magistrat en corps serait tenu de se démettre de ses fonctions.

L'ammeistre Schwarber, qui par ses rigueurs et ses prétentions avait fourni des griefs particuliers contre sa personne, en même temps que le peuple l'accusait d'avarice et de quelques actes peu équitables, refusa de donner sa démission, et de délier le peuple de son serment de fidélité et de soumission, ainsi que l'avaient fait les stettmeistres; il exigea la preuve des faits qu'on lui imputait. Mais le stettmeistre Sturm lui représenta qu'il n'avait rien de mieux à faire que de suivre son exemple et celui de son collègue, et Schwarber se démit enfin de sa place.

Les bourgeois passèrent toute la nuit sur la place de la cathédrale. Le mardi matin le magistrat entier fut dissous, et on procéda de suite à une nouvelle élection. On régla en même temps que chacun des quatre stettmeistres règnerait pendant trois mois seulement, que l'ammeistre resterait en fonctions pendant un an, et qu'à l'expiration de ce délai ils seraient remplacés tous les cinq au moyen d'une nouvelle élection.

Le premier ammeistre élu en exécution de ce nouveau réglement fut un boucher nommé Betschold.

Le mercredi, les magistrats nouvellement élus prêtèrent leur serment entre les mains des représentans de la bourgeoisie, et celle-ci remplit la même obligation le lendemain. Le vendredi on prononça l'exil indéfini de l'ammeistre Schwarber, et la confiscation, au profit des nouveaux magistrats, d'une somme de trois mille quatre cents florins, formant la moitié de sa fortune. Comme cette disposition se conciliait peu avec la délicatesse ou, pour mieux dire, avec la conscience de ces magistrats, presque tous remirent leur part à la fondation de l'église cathédrale ou à d'autres établissemens pieux; quelques-uns la restituèrent à Schwarber, qui s'était retiré à Benfeld. Les anciens stettmeistres eurent la permission de rester à Strasbourg, mais ils furent déclarés inéligibles pendant dix ans.

Dans cette même journée du vendredi 14 Février se décida le sort des malheureux israélites, qui, en attendant, avaient été réunis et gardés à vue dans la rue des Juifs; qu'ils habitaient particulièrement. On ne se donna pas la peine d'examiner les griefs qui étaient établis à leur charge : le nouveau magistrat n'était composé que de leurs ennemis les plus acharnés. Il fut décidé d'une voix unanime *que tous les juifs qui ne se feraient pas baptiser immédiatement, seraient brûlés vifs.* Alors on se précipita dans leur rue, on enleva ces infortunés sans distinction d'âge ni de sexe ; on les traîna sur leur cimetière, qui était sur l'emplacement qu'occupe aujourd'hui l'hôtel de la préfecture, et sur lequel on avait construit une immense baraque en planches ; on y mit le feu aux quatre coins, après y avoir précipité violemment tous ceux qui se refusaient au baptême : plusieurs d'entre eux se soumirent à l'abjuration et conservèrent la vie.

D'après la Chronique de Kœnigshofen, Strasbourg renfermait à cette époque environ deux mille juifs. Wencker, auteur d'une autre chronique, n'en porte le nombre qu'à dix-huit cents : il ajoute que neuf cents périrent dans cette affreuse catastrophe, et que les autres sauvèrent leur vie en recevant le baptême.

La vérité est que, pour rendre les derniers momens de ces infortunés plus douloureux encore, on administrait sous leurs yeux le baptême à leurs enfans, après les avoir arrachés violemment des bras de leurs mères.

Tous les titres, toutes les créances des juifs

à la charge des chrétiens, furent réunis et jetés dans le feu; ceux qui ne purent être découverts furent déclarés nuls. Les effets et l'argent comptant des juifs furent partagés entre les diverses tribus de la ville.

Les maisons n.°ˢ 30 et 31 de la rue des Juifs, et particulièrement celle de la famille de Rathsamhausen, se trouvent sur l'emplacement qu'occupait la synagogue des juifs, qui fut démolie de suite, et remplacée par une chapelle dédiée à S. Valentin, parce que c'est le jour de la fête de ce Saint que les juifs furent traités d'une manière aussi barbare; et certes l'action était assez atroce pour réclamer l'expiation la plus solennelle.

On avait résolu que pendant cent ans il ne serait reçu aucun juif dans Strasbourg; mais, la peste ayant singulièrement affaibli la population, la diminution des revenus publics força plus tard le magistrat de se relâcher de la rigueur de ces mesures, et dès l'année 1368 il admit à la résidence six familles juives, qui se multiplièrent de jour en jour. Leur nombre était déjà sensiblement accru, lorsqu'en 1388 ils se firent chasser derechef, par suite d'une trahison tramée à l'avantage du duc de Bourgogne, avec lequel la ville se trouvait en guerre et aux intérêts duquel ils s'étaient dévoués.

Il paraîtra étonnant qu'on ait pu commettre un acte aussi révoltant que celui dont nous venons de parler, sans être retenu par la crainte de l'animadversion du chef suprême de l'Empire. Mais, outre que le magistrat s'était hâté de former une ligue avec plusieurs États plus ou moins puissans, pour se mettre à couvert des justes ressentimens de l'empereur, Charles IV, nouvellement élu, n'était pas encore suffisamment établi sur son trône et se voyait contraint à des ménagemens particuliers à l'égard des États de l'Empire. Toutefois il crut ne pouvoir pas se dispenser d'adresser de vifs reproches au magistrat de Strasbourg, et, sur les réponses assez véhémentes de celui-ci, l'empereur écrivit derechef pour pardonner tout ce qui avait été fait contre les juifs, soit dans leurs biens, soit dans leurs personnes.

Cependant le peuple ne tarda pas à s'apercevoir que le renouvellement trop fréquent de ses magistrats, qu'avaient prescrit les statuts arrêtés en 1349, donnait ouverture à de grands inconvéniens ; néanmoins cet état des choses se perpétua jusqu'en 1372, où il fut décidé que les quatre stettmeistres et l'ammeistre resteraient en fonctions pendant dix ans, et que le sénat seul serait renouvelé tous les ans. Ce même statut fut encore aboli dès la fin de la première année, et on en revint encore une fois à ce qui avait été réglé en 1349.

Ce fut aussi en 1372 que le magistrat voulut fixer la situation politique d'un grand nombre de nobles qui habitaient Strasbourg, lesquels se reconnaissaient bourgeois lorsqu'il s'agissait de partager les avantages attachés à cette qualité, et se disaient simples habitans, vivant à leurs frais et dépens, comme tout étranger, lorsqu'il était question de supporter quelques charges publiques. Le magistrat publia un édit par lequel il accorda un mois de délai à tout gentilhomme pour prêter serment en qualité de bourgeois, ou pour se tenir éloigné de la ville pendant dix ans. La plupart des nobles se soumirent à cette mesure en prêtant le serment de bourgeois. Il y eut résistance ouverte de la part de Jean Erb, gentilhomme jouissant d'une certaine considération : forcé de quitter la ville, il se réunit à un autre noble qui se trouvait dans le même cas, Burckhart de Binstingen. Ils joignirent leurs forces, assaillirent et tuèrent tous les bourgeois de Strasbourg qu'ils trouvaient au dehors, et portèrent leurs entreprises jusqu'à attaquer le château de Herlisheim, qui appartenait à Eppe de Hattstadt, autre gentilhomme, aggrégé à la bourgeoisie de Strasbourg. Ils s'en rendirent maîtres, et tout fut livré au pillage. Les bourgeois de Sélestat, informés de l'entreprise, marchèrent au secours du seigneur de Herlisheim ; ils furent bientôt joints par ceux de Strasbourg. Le château fut repris d'assaut, et cinquante-six partisans d'Erb et de Binstingen furent faits prisonniers et conduits à Strasbourg. Trois d'entre eux furent rompus vifs ; on en pendit seize, et trente-quatre furent décapités. Jean Erb, qui avait trouvé le secret de se réconcilier avec la ville, en se soumettant à un exil de dix ans, fut tué quelques temps après par un gentilhomme de ses ennemis.

LA VILLE DE STRASBOURG

EN ÉTAT DE GUERRE,

PAR SUITE

DE L'ARRESTATION D'UN SEIGNEUR ANGLAIS.

ANNÉE 1392.

On sait qu'après la guerre malheureuse que la France eut à soutenir contre l'Angleterre, et dans laquelle Jean II fut fait prisonnier par Édouard, la plupart des soldats anglais refusèrent de poser les armes, formèrent des corps commandés par des chefs qu'ils s'étaient choisis eux-mêmes, et se portèrent dans diverses provinces de la France, qu'ils désolèrent par leur brigandage et leurs excès. L'Alsace ne fut pas exempte de ce fléau, qui se propagea jusqu'aux portes de Strasbourg. Les Anglais, qui avaient incendié plusieurs maisons dans le village de Kœnigshoff, parvinrent même à s'emparer d'un des faubourgs de la ville, qu'ils traitèrent fort mal, défiant hautement les Strasbourgeois de sortir de leurs murs et de se mesurer avec eux. Le magistrat eut beaucoup de peine à contenir la bourgeoisie, et les bouchers surtout, qui insistaient

pour qu'il leur fût permis d'en venir aux mains
avec ces étrangers. Le magistrat, au contraire,
ne pensait pas que la bourgeoisie dût courir
les hasards d'une lutte avec une foule innom-
brable d'aventuriers dépourvus de tout ce qui
leur était nécessaire pour entreprendre le siége
de la ville, et qui se verraient bientôt dans la
nécessité de se retirer, par le seul empire du
besoin, les villages des environs ayant réfugié
dans Strasbourg tous leurs comestibles et leurs
effets les plus précieux.

L'approche de l'empereur Charles IV, appelé à grands cris par toute l'Alsace, et qui
vint d'abord stationner à Seltz, détermina les
Anglais à quitter les environs de Strasbourg,
et à se replier sur Benfeld, Dambach et Sélestat. Charles IV s'étant mis en mouvement pour
les attaquer, ils se hâtèrent d'évacuer l'Alsace,
et leur retraite fut d'autant plus précipitée
qu'ils avaient à cœur de conserver le butin
qu'ils avaient fait.

Les prétentions d'Enguerrand de Coucy,
petit-fils du duc Léopold II, sur les biens
qui avaient appartenu à son grand-père dans
l'Alsace, le Brisgau et le comté de Ferrette, et
qui étaient sous la main des ducs d'Autriche,

Albert et Léopold III, ramenèrent en Alsace, à la vérité pour peu de temps, les mêmes calamités que cette province avait eu à souffrir et dont le souvenir était encore si récent. Enguerrand y porta la guerre, et il parvint d'autant plus facilement à se créer une armée, qu'indépendamment du crédit personnel dont il jouissait par ses alliances avec les cours d'Angleterre et de France, son mérite et son allure en général lui ménagèrent de nombreux partisans. Il décida facilement à s'enrôler pour sa cause beaucoup de Bretons, et tous ces corps anglais qui étaient encore répandus en Bretagne et en France.

Cette armée vint derechef porter la désolation dans les environs de Strasbourg, et le magistrat, voulant épargner aux habitans des villages voisins des dévastations qui eussent comblé leur ruine, parvint à faire éloigner ces troupes étrangères moyennant une contribution de trois mille florins, qu'ils acceptèrent d'autant plus facilement, que les paysans des environs, qui s'étaient cantonnés à Pfaffenhoffen, à Erstein et à Lampertheim, en avaient déjà tué un assez grand nombre.

Les dispositions du duc Léopold et du

duc de Wurtemberg, du côté de Brisach, où Enguerrand de Coucy s'était porté avec son armée, mirent un terme aux entreprises de ce dernier : forcé de se retirer en Suisse, il éprouva une nouvelle déconfiture à Berne, et les débris de son armée se hâtèrent de rentrer en France.

Ce fut à la suite de ces événemens que Bruno de Rappoltstein, issu d'une des plus anciennes familles de la haute Alsace et allié aux plus grandes maisons, donna lieu à un événement qui compromit la tranquillité de la ville de Strasbourg d'une manière très-particulière. Il était parvenu à s'emparer d'un gentilhomme anglais, Jean de Harleston, qui non-seulement s'était permis de l'outrager personnellement, mais qui avait commis de plus, dans ses terres, les excès les plus odieux et un brigandage tout-à-fait révoltant. Bruno tenait cet Anglais prisonnier dans son château de Rappoltstein, et avec lui huit autres Anglais pris en même temps.

Bruno de Rappoltstein s'était fait recevoir bourgeois de la ville de Strasbourg dès l'année 1388, et, d'après les usages du temps, sa cause devenait celle de la république de Strasbourg.

Ce seigneur y était d'autant plus considéré, qu'il possédait des terres riches et considérables, que l'un de ses frères, était revêtu de la dignité de grand-prévôt de l'église cathédrale, et deux autres de celle de chanoine de son chapitre.

Richard II, roi d'Angleterre, n'avait pu déterminer Bruno de Rappoltstein à mettre en liberté Harleston, son sujet et son vassal ; il en écrivit aux magistrats de Strasbourg dans les termes les plus propres à obtenir qu'ils contraignissent Bruno, leur concitoyen et combourgeois, à satisfaire à sa demande. Les magistrats s'y refusèrent obstinément, et le roi d'Angleterre crut devoir prendre d'autres mesures.

Le chevalier de Harleston eut recours à une intervention de l'efficacité de laquelle il crut ne pouvoir douter : ce fut celle du pape Urbain VI, qui, se rendant à ses pressantes sollicitations, releva, dans sa demande aux magistrats de Strasbourg, toutes les considérations dont Harleston s'était appuyé pour se ménager l'intérêt de la cour de Rome, mais qui étaient contraires à toute vérité. Telle fut celle, entre autres, que le chevalier Harleston avait

été pris par les gens de Bruno, non dans
une situation hostile, mais bien lorsqu'il était
en route pour aller à Rome; et le pape ob-
servait que, d'après les lois canoniques, les
voyages de cette espèce ne devaient être in-
quiétés sous aucun rapport ; que, d'ailleurs,
Harleston avait déjà acquitté six mille francs
pour sa rançon.

Le magistrat de Strasbourg refusa de se rendre
à la demande d'Urbain VI, dont la religion avait
été surprise : il fit connaître qu'il n'avait été
nullement question, de la part du chevalier
Harleston, de faire un voyage à Rome; qu'il
avait été pris les armes à la main, après avoir
incendié plusieurs villages appartenant à Bruno
de Rappoltstein, et l'avoir outragé violemment
en plusieurs circonstances ; qu'au surplus,
Bruno était très-disposé à respecter la convention qu'il avait arrêtée avec Harleston, celle de
le mettre en liberté aussitôt qu'il lui aurait payé
trente mille florins, auxquels Harleston devait
joindre plusieurs pièces de draps d'Angleterre
et quelques épées de la fabrique de Bordeaux;
que, cet Anglais n'ayant encore payé qu'un
à-compte de six mille florins, sa détention
devait nécessairement continuer.

De son côté, le roi d'Angleterre eut recours à son beau-frère Wenceslas, roi des Romains, et le pressa d'employer son autorité pour obtenir l'élargissement immédiat du chevalier Harleston. L'ordre en fut donné à Bruno de Rappoltstein, qui refusa d'obéir. Wenceslas transmit au magistrat de Strasbourg l'injonction de l'y contraindre : celui-ci s'y prêta d'autant moins, que l'autorité de Wenceslas était fort peu respectée par les divers États de l'Empire, qui n'étaient nullement édifiés de sa conduite en général, et que le magistrat de Strasbourg était dans l'intime conviction que la résistance de Bruno, l'un de ses bourgeois, était parfaitement légale. La ville de Strasbourg fut mise au ban de l'Empire.

L'exécution de l'ordre du roi des Romains, ou pour mieux dire la punition de la désobéissance de la ville de Strasbourg, fut confiée à Worsiboy de Sweimar, landvogt en Bavière, en Souabe et en Alsace. La plupart des comtes et seigneurs voisins, appelés par lui pour entrer dans une ligue offensive et défensive contre la ville de Strasbourg, obéirent à cette invitation; et les historiens observent que ce fut moins par le respect qu'ils portaient aux man-

demens impériaux, que par le désir d'affaiblir
la puissance de la ville de Strasbourg, qui
leur portait ombrage, de se libérer envers elle
des sommes dont ils lui étaient redevables, et
peut-être de profiter de ses dépouilles.

Les seigneurs qui avaient principalement
adhéré à cette ligue, étaient Frédéric, évêque
de Strasbourg; Bernard, margrave de Bade;
Éberhardt, marquis de Wurtemberg; Henri,
comte de Lutzelstein; Henri et Jean de Lich-
temberg, et Henri de Géroldseck.

Une chose digne de remarque, c'est que
ce même Bruno de Rappoltstein, avec la cause
duquel la ville de Strasbourg s'était si particulièrement identifiée, auquel elle devait enfin
les graves embarras auxquels elle se trouvait
aux prises, eut assez peu de pudeur, assez
peu de dignité, pour se hâter de faire sa paix
avec le roi des Romains, et d'entrer dans cette
même ligue, pour concourir à la ruine d'une
ville qui avait acquis de si grands droits à sa
reconnaissance et à son dévouement. Bruno de
Rappoltstein, méconnaissant aussi essentiellement ce qu'il devait à l'élévation de son rang,
n'écouta qu'un seul sentiment, celui de préserver ses terres des ravages des troupes confédérées.

Les environs de la ville de Strasbourg furent bientôt occupés par l'armée de la confédération : toutes les dépendances de la ville furent pillées et ravagées par l'ennemi. Les marchands et bourgeois de Strasbourg qui se trouvaient au dehors, éprouvèrent les traitemens les plus durs. Strasbourg s'était mis en mesure contre toute surprise : on avait fait entrer en ville tous les grains et approvisionnemens qui devaient garantir l'existence des habitans pendant très-long-temps ; on avait abattu près de trois cents maisons autour de la ville pour découvrir tous les mouvemens de l'ennemi. Ce fut dans cette circonstance que, pour prévenir quelque tentative sérieuse de la part de l'ennemi qui stationnait dans la plaine du Neuhoff et dans celle des Bouchers, on se hâta de démolir l'ancien hôpital, situé alors hors de la porte de l'Hôpital, et dont les malades furent provisoirement transférés, près des ponts-couverts, dans le bâtiment qui, plus tard, servit d'écuries pour les chevaux de la ville. Le couvent de Sainte-Élisabeth fut également démoli, et même les villages de Kœnigshoff et d'Adelsheim, hors de la porte Blanche, que l'ennemi avait déjà incendiés en partie.

L'entrée en ville par la rivière de la Bruche fut barricadée par de fortes chaînes, et les murs de Strasbourg, parfaitement en état, furent garnis de nombreuses pièces d'artillerie.

Les confédérés, venant de la plaine des Bouchers, attaquèrent la ville à deux reprises, et furent repoussés avec perte de plusieurs hommes.

Ils firent des essais souvent renouvelés pour détruire et incendier le pont du Rhin, et la bravoure des habitans de Strasbourg fit échouer toutes leurs tentatives.

Bernard Hertzog, auteur de la Chronique d'Alsace, raconte qu'une partie des confédérés étant parvenue à s'introduire dans la Kroutenau, alors un des faubourgs de la ville, les habitans firent une sortie, et que l'ennemi expia son audace de la manière la plus désastreuse.

Le même auteur raconte que Cuno de Kabilitzstein, l'un des capitaines des troupes strasbourgeoises, fit, à l'insçu du magistrat, une sortie avec quelques hommes bien déterminés, qu'ils se portèrent jusqu'à Weyersheim, y attaquèrent un corps de soldats bohémiens, et ramenèrent vingt-quatre prisonniers dans les murs de Strasbourg.

Ce qui démontre particulièrement que la
ville contre laquelle on avait dirigé de si
nombreux efforts, avait conservé la plus grande
confiance dans ses moyens et une attitude
vraiment décourageante pour ses ennemis,
ce sont deux invasions que les troupes strasbourgeoises firent successivement, d'un jour
à l'autre, dans le pays de Bade et pendant que
les troupes de cet État occupaient son propre
territoire avec les autres confédérés. Hertzog
nous apprend en effet que la cavalerie de
Strasbourg, ayant réuni toutes ses forces, passa
le Rhin, ravagea les terres de Bade, et rentra
en ville avec un énorme butin, sans avoir
éprouvé la moindre perte; qu'elle répéta la
même entreprise le lendemain, mit le feu dans
plusieurs villages du pays de Bade, et rentra
dans Strasbourg, ramenant avec elle quinze
cents chevaux et pièces de bétail.

Cet état des choses durait depuis près d'un
an, sans que les confédérés pussent parvenir
à d'autres résultats que celui de ravager le
pays, ce qui aggravait leur propre situation,
et les exposait à manquer très-incessamment
des moyens de sustenter leurs troupes. De son
côté, la ville de Strasbourg demeurait à la

vérité parfaitement hors d'insulte, mais elle souffrait de la situation déplorable dans laquelle se trouvaient les lieux de sa dépendance, et le ban de l'Empire avait d'ailleurs un caractère de réprobation dont il lui tardait d'être relevée.

Des négociations furent ouvertes à Mayence, par l'intervention du grand-bailli d'Oppenheim et des habitans les plus recommandables de Mayence, Spire et Worms. Le landvogt d'Alsace, fatigué de guerroyer sans pouvoir entamer la ville de Strasbourg proprement dite, parut disposé à une pacification; mais il exigea qu'elle fût payée par la ville de Strasbourg au prix de cent mille florins. Dans les pourparlers qui eurent lieu à Mayence, les députés de Strasbourg ne parlaient que d'un sacrifice de quatre mille cinq cents florins. L'affaire fut reprise à Haguenau, en présence de plusieurs princes, et la paix fut enfin convenue : il y fut stipulé que Strasbourg serait relevé de son ban moyennant le paiement d'une somme de trente mille florins, que recevrait le roi des Romains, à l'exclusion des autres princes et États qui étaient entrés dans la confédération, et que l'on jugea suffisamment dédommagés de leurs frais par le butin qu'ils avaient fait dans le pays.

La ville rentra dans les bonnes grâces de Wenceslas, au point que, sur l'intervention obligeante de Lambert, évêque de Bamberg, qui précédemment avait été évêque de Strasbourg, il accorda à la ville, au mépris des représentations des seigneurs voisins, un péage sur le pont du Rhin, qui fut d'un très-grand avantage pour elle et contribua puissamment au rétablissement de ses finances.

EMPRISONNEMENT

DE

GUILLAUME DE DIETSCH ou DIETZ,

ÉVÈQUE DE STRASBOURG.

ANNÉE 1415.

L'évêque Guillaume n'était parvenu à l'évêché de Strasbourg que par la cession qui lui
en avait été faite par l'évêque Burckhardt de
Lutzelstein. Sa naissance n'était pas sans illus-
tration ; mais le chapitre vit son avénement
avec une sorte de répugnance, parce qu'il
n'y avait pris aucune part. Guillaume, qui ne
tarda pas de s'en apercevoir, fut très-habile
dans les ménagemens qu'il sut observer ; et
les suffrages de son chapitre confirmèrent
bientôt les arrangemens qu'il avait conclus
avec son prédécesseur.

Le premier soin de l'évêque Guillaume fut
d'aplanir les longues difficultés que l'évêque
Fréderic avait eues avec la ville de Strasbourg,
et ses intentions furent parfaitement servies
par l'intervention du landvogt d'Alsace. Au
surplus, l'évêque Guillaume montra par son

esprit de conciliation qu'il avait vivement à cœur de mettre la ville de Strasbourg dans ses intérêts : on ne pouvait pas pressentir alors ses véritables vues; il ne tarda guère de les mettre au grand jour.

Le roi des Romains, Wenceslas, avait été déposé par le corps germanique, excédé de ses désordres, de ses nombreuses injustices et de ses déprédations. Il eut pour successeur Rupert, duc de Bavière et comte palatin du Rhin. Ce prince eut à peine reçu la couronne, qu'il se rendit à Strasbourg avec la reine son épouse, ses quatre fils , ses filles et son gendre, le duc de Lorraine. La ville de Strasbourg lui fit la réception la plus brillante. Ce qui nous donne une singulière idée des usages du temps, ou plutôt de la valeur que l'on attachait alors à des choses qui sont aujourd'hui d'un si faible intérêt, c'est la nature des présens que le magistrat de Strasbourg offrit au roi Rupert et à sa suite, et qui furent reçus avec une bienveillance particulière. Nous lisons dans la Chronique de Bernard Hertzog, que le roi des Romains reçut trois foudres de vin, vingt boisseaux d'avoine, et du poisson pour la valeur de huit florins ;

Que l'on donna au duc de Lorraine un foudre de vin, vingt boisseaux d'avoine et pour huit florins de poisson ;

Que l'évêque de Spire, qui accompagnait le roi, reçut un demi-foudre de vin, vingt boisseaux d'avoine et du poisson pour quatre florins, indépendamment d'un saumon ;

Que les quatre fils du roi obtinrent chacun une pièce d'argent,

Et la reine et ses trois filles, chacune, une pièce de monnaie de la valeur d'un florin.

Le roi Rupert, dont les états étaient voisins de l'Alsace, s'étudia à répandre des grâces dans la province, et ne négligea aucun moyen de prouver à la ville de Strasbourg surtout, qu'il lui portait des sentimens particuliers d'estime et d'affection.

L'évêque Guillaume en fut alarmé : il craignit que la ville de Strasbourg, toujours assez disposée à restreindre l'autorité épiscopale, se sentant appuyée du roi des Romains, ne se livrât tôt ou tard à de nouvelles prétentions, et il n'était pas absolument convaincu du parfait retour de son chapitre, c'est-à-dire, qu'il eût perdu absolument le souvenir d'avoir été étranger à sa nomination.

Il se décida tout à coup, à l'insçu du magistrat, ainsi que de son chapitre, à céder, au plus vil prix, au roi Rupert la moitié des possessions de l'évêché dè Strasbourg situées sur la rive droite du Rhin, savoir : Offenbourg, Gengenbach, Ortemberg, Zell, Hermannsbach et d'autres lieux du voisinage. Le chapitre et la ville manifestèrent la plus vive indignation. C'étaient ces mêmes dépendances de l'évêché de Strasbourg que Berthold, l'un des prédécesseurs de Guillaume, était parvenu, par des soins extraordinaires et des sacrifices très-considérables, à retirer des mains des princes de Bade, auxquels ils avaient été engagés.

L'évêque Guillaume n'en demeura pas là : il céda, et de même au plus vil prix, à Louis, comte palatin du Rhin, fils du roi Rupert, d'autres propriétés de l'évêché, aussi fort importantes, et on vit aisément qu'il sacrifiait les intérêts de l'évêché, dont il n'était qu'usufruitier, à des vues purement personnelles.

Les reproches que le magistrat et le chapitre adressèrent à l'évêque Guillaume, pour avoir ainsi violé le serment qu'il avait prêté de conserver l'évêché dans son intégrité, restant absolument sans effet, ces deux corps firent un traité par lequel ils s'engagèrent à prendre toutes les mesures convenables pour prévenir le démembrement ultérieur de l'évêché, et même pour recouvrer les possessions qui en avaient été détachées. Ils essayèrent de plus d'envoyer les baillis de l'évêché sur les lieux cédés; mais, le roi Rupert y ayant de son côté établi des officiers chargés d'y exercer ses droits, les choses devenaient fort embarrassantes.

On apprit bientôt que l'évêque Guillaume était entré en négociations avec le duc de Lorraine, et avait offert à ce prince de lui céder Saverne et le château de Haut-Barr, sous la condition de l'aider de ses forces pour faire la guerre à son chapitre et à la ville de Strasbourg.

Des dispositions aussi prononcées, et qui menaçaient le pays de nouvelles calamités, réclamaient un remède prompt et efficace. L'évêque était alors à Molsheim. Il fut convenu entre le magistrat de Strasbourg et le chapitre, que l'on enverrait une députation à Molsheim, sous le prétexte de terminer avec l'évêque par des voies de conciliation, et que l'on s'assurerait de sa personne, quelles que

pussent être les suites d'une entreprise aussi
grave. Bernard Hertzog nous apprend que
cette mission fut confiée à Hugelmann de
Winstingen et au comte Fréderic de Hohenzollern, tous deux membres du chapitre, réu-
nissant à cette qualité celle de députés de la
ville de Strasbourg.

L'évêque Guillaume, qui n'avait pris aucune
précaution, puisqu'il était sans nulle défiance,
fut enlevé de fait à la faveur des mesures prises
par les deux députés : conduit à Strasbourg,
il fut déposé à la tour aux Pfennings, où l'on
conservait les archives et le trésor de la ville.
Cet événement se passa le 7 Décembre 1415.
Peu de temps après, le magistrat, jugeant que
le caractère de l'évêque exigeait plus de ménagemens, le remit entre les mains de son
chapitre, qui le relégua dans la chapelle de
Saint-Jean, servant aujourd'hui de sacristie, à
la cathédrale, et pour prévenir son évasion on
établit une forte garde dans le voisinage.

Les historiens, et Hertzog particulièrement,
nous apprennent que l'événement fut à peine
connu, qu'on vit arriver à Strasbourg l'archevêque de Mayence et le margrave de Bade,
qui firent les plus vives instances pour que

l'évêque Guillaume fût remis en liberté, mais que leur démarche fut absolument vaine.

L'affaire fut portée devant le concile de Constance, et ce fut Louis de Bavière, que l'évêque Guillaume avait si bien mis dans ses intérêts aux dépens de son évêché, et qui était chargé d'ailleurs de suivre devant le même concile d'autres affaires que l'empereur Sigismond avait confiées à ces soins; ce fut, disons-nous, Louis de Bavière qui employa tout son crédit pour parvenir à l'élargissement immédiat de l'évêque Guillaume.

Ce prince ayant avancé devant le concile, en présence des avocats du chapitre et du magistrat de Strasbourg, que l'évêque n'avait été incarcéré que par le fait du doyen et de deux ou trois chanoines, appuyés de quelques bourgeois de la ville, ces avocats se levèrent et soutinrent que d'abord l'évêque Guillaume n'était pas proprement en prison, mais retenu dans un lieu capitulaire, et que le chapitre s'était vu contraint d'en venir à cette extrémité, parce qu'indépendamment d'autres cessions que l'évêque avait faites au grand préjudice des dotations de l'évêché, il était au moment d'aliéner Saverne et le château de

Haut-Barr, qui étaient, pour ainsi dire, les clefs de la province; que l'on regrettait d'avoir dû user d'un parti aussi violent, mais que c'était le seul qui fût ouvert pour prévenir de plus grands maux; que l'on s'en remettait au surplus à la sagesse du concile; mais que, dans tout état de cause, il fallait pourvoir au dédommagement de l'évêché de Strasbourg.

Les députés des quatre nations, qui avaient mission de préparer les affaires dont le concile aurait à connaître, déclarèrent, par l'organe du patriarche d'Antioche, que l'affaire serait jugée par seize commissaires, parmi lesquels se trouveraient quatre cardinaux; mais que provisoirement l'évêque Guillaume devait être mis en liberté. Les avocats du chapitre s'opposèrent à cette mesure, en déclarant qu'avant de procéder à la liberté de l'évêque, il fallait que l'église de Strasbourg fût mise en possession de Saverne et du château de Haut-Barr, pour en prévenir l'aliénation de la part de l'évêque. Il fut arrêté alors que l'affaire serait examinée derechef, et que la décision serait prise par le concile.

Les choses en vinrent enfin au point que, le chapitre et les magistrats de Strasbourg

ayant résisté à toutes députations et somma-
tions ultérieures pour la liberté de l'évêque
Guillaume, le concile envoya à Strasbourg
des monitoires, qui furent publiés le 10 Mars
1416, et qui, *à raison de l'attentat qu'ils
avaient commis contre l'évêque, et leur
coupable obstination dans la désobéissance
envers le concile,* les prévinrent qu'ils en-
courraient l'excommunication, si Guillaume
et ses gens n'étaient remis en liberté dans le
délai de douze jours.

Ces monitoires furent en-même temps publiés dans les diverses églises de l'Alsace.

Nous voyons, et particulièrement dans la
Chronique de Hertzog, que ces monitoires
frappaient personnellement le doyen Hugelmann, Fréderic de Hohenzollern, chanoine,
et les trois ammeistres, Rulin Barpfenning, de
Mülheim et Ulrich Gosse.

Le chapitre et le magistrat demeurèrent
dans une parfaite tranquillité. Le délai fatal
était plus qu'écoulé, l'excommunication existait de fait; cependant les formes exigeaient
que le procureur du concile requît la décla-
ration que les détenteurs de l'évêque fussent
frappés de la peine portée par le monitoire.

Ce réquisitoire fut présenté au Concile le 27 Avril; mais l'avocat des parties intéressées osa se lever pour appeler du tout au concile mieux informé et au pape. Tout en reconnaissant les droits du concile, la sagesse et la pureté de ses vues, il prétendit que sa religion avait été surprise ; que c'était moins le concile qui avait prononcé, que quelques députés dont la partialité ne s'était que trop fait connaître. Il fit l'énumération des torts, aussi graves que multipliés, dans lesquels l'évêque Guillaume s'était constitué au grand détriment de l'église de Strasbourg ; que son emprisonnement comme évêque cesserait de paraître vraiment condamnable, si l'on voulait considérer qu'il s'était toujours abstenu d'en observer le caractère extérieur, s'étant montré constamment sans tonsure, sans habit ecclésiastique, ne se faisant jamais voir que bien armé et absolument en homme de guerre.

Le concile ne tint nul compte de cet appel, ni des motifs dont il était appuyé : il fut rejeté, comme étant aussi vain que téméraire, dans l'assemblée générale tenue le 30 Avril 1416. Toutefois le concile admit les parties à proposer leurs griefs. Mais l'avocat du chapitre et du magistrat, commençant à craindre pour lui-même, refusa tout ministère ultérieur, et le 5 Mai suivant le procureur du Concile demanda que les détenteurs de l'évêque Guillaume fussent traités comme contumaces.

Les choses étaient dans cet état vraiment désespéré, lorsqu'un agent de Sigismond, roi des Romains, pria le concile de suspendre toute détermination définitive jusqu'à l'arrivée de ce prince ou de son représentant. L'affaire fut remise au samedi suivant; mais, dès le vendredi, Henri de Latzenbog présenta des lettres de créance du roi Sigismond, et déclara qu'il était envoyé par son prince pour donner au Concile l'assurance positive que Sigismond ferait rendre la liberté à l'évêque Guillaume, qui se présenterait personnellement devant le concile, et qu'il serait pourvu à l'indemnité de l'église de Strasbourg. Henri de Latzenbog ne demanda qu'un délai de vingt jours pour remplir cet engagement au nom du roi des Romains, se proposant de se rendre lui-même à Strasbourg avec quelques prélats de distinction, qui l'accompagneraient au nom du concile.

Cette proposition fut discutée depuis le

9 jusqu'au 16 Mai, qu'elle fut enfin accueillie : le concile désigna les dignitaires qui se rendraient à Strasbourg avec le représentant du roi Sigismond, et auxquels on donna la faculté d'aggraver les excommunications en cas de nouvelle résistance, ou de les lever, si le chapitre et le magistrat prenaient enfin le parti de se soumettre.

Cette intervention du roi des Romains eut tout le succès qu'il pouvait s'en promettre. En persistant dans le refus de remettre l'évêque Guillaume entre les mains de Henri de Latzenbog, refus qui n'avait déjà causé que trop de maux, le chapitre et le magistrat aggravaient plus particulièrement encore leur situation, le représentant du roi des Romains ne leur ayant pas dissimulé qu'ils seraient mis au ban de l'Empire, que déjà plusieurs seigneurs, dans la confiance que la ville de Strasbourg subirait ce ban, concertaient des ligues contre elle, et se préparaient à l'attaquer pour affaiblir une puissance qu'elle leur avait fait ressentir en maintes occasion.

Enfin, l'évêque Guillaume fut mis en liberté; le chapitre et la ville, auxquels on promettait d'ailleurs satisfaction sur les aliéna-

tions faites par Guillaume, se soumirent au
paiement de tous les frais, et Strasbourg, comme
État de l'Empire, fut tenu de verser une somme
de cinquante mille florins dans la caisse impériale, pour avoir violé toutes les lois en se
permettant d'arrêter l'évêque de Strasbourg,
qui était en même temps prince de l'Empire.

L'évêque Guillaume ne revint pas à Strasbourg après avoir quitté Constance, où il eut à
subir une sorte de procédure : il alla se retirer
à Saverne, et, bien loin de chercher à se rapprocher de son chapitre et du magistrat, il se
ligua avec quelques seigneurs et avec le margrave de Bade, qui avaient pris les armes contre
Strasbourg. Ses mauvaises intentions furent
même tellement prononcées, que le margrave
de Bade faillit surprendre la ville au moyen
d'un secours que Guillaume lui avait amené
du côté d'Illkirch. Cette guerre fut terminée
par l'intervention de Jean de Nassau, archevêque de Mayence, auquel le concile de
Constance avait donné la mission expresse de
tout employer pour ramener la paix dans la
province d'Alsace.

Le chapitre de Strasbourg profita du retour
de la tranquillité pour donner plus de dévelop-

pement et de consistance à une confédération avec les autres églises de la ville, et qui avait pour objet la réforme de la discipline et la conservation des droits ecclésiastiques. Cet acte, qui est un monument de sagesse et des intentions les plus édifiantes, fut confirmé par le pape Martin V, ce qui entraîna l'adhésion de tous les chapitres qui ne l'avaient pas signé jusqu'alors. Plus tard, c'est-à-dire en 1431, l'évêque Guillaume, revenu de ses préventions et mieux pénétré de la sainteté de son caractère, attacha lui - même sa signature à cette confédération; il se soumit par le même acte à diverses obligations qu'il avait méconnues jusqu'alors, et, après avoir tenu pendant les dernières années de sa vie une conduite fort exemplaire, il mourut à Saverne, le 4 Octobre 1439, et fut inhumé dans l'église de l'hôpital de Molsheim, où on lisait encore son épitaphe avant les ravages de la révolution.

CHARLES LE HARDI,

DUC DE BOURGOGNE ET DE BRABANT.

ANNÉES 1473 ET 1474.

Charles le hardi était un des princes les plus riches et les plus puissans de l'Europe : plein de fierté et d'ambition, il était dangereux de l'avoir pour ennemi, comme on ne pouvait sans péril invoquer ses secours ou son intervention, parce qu'il était très-habile à saisir les circonstances propres à augmenter ses vastes domaines.

L'archiduc d'Autriche, Charles Sigismond, était pressé par l'embarras de sa position ; il la ressentait plus péniblement encore par les derniers ravages que les Suisses avaient commis dans ses propriétés en Alsace. Accablé surtout par la pensée qu'il n'avait pu arrêter le cours de tant de désastres que par un traité honteux souscrit avec les cantons, ce prince ne pouvant espérer aucun secours de son parent l'empereur Fréderic, que les Turcs occupaient trop sérieusement, ne vit d'autre salut pour le reste de ses états, que de se jeter dans les bras du duc de Bourgogne, dont le génie bouillant et les exploits de guerre occupaient toute l'Europe.

L'archiduc Charles avait deux motifs, celui de s'attacher Charles le hardi, et celui de tirer le meilleur parti possible de ses terres en Alsace, de les engager enfin, parce qu'il n'était plus en état de les protéger contre de nouvelles invasions de la part des Suisses, et qu'il lui fallait de l'argent pour reprendre les armes contre ces derniers. Il céda donc au duc de Bourgogne, au prix de quatre-vingt mille florins, tout ce qu'il possédait dans le landgraviat d'Alsace, le Brisgau, le Sundgau et le comté de Ferrette, en se réservant, ainsi qu'aux archiducs d'Autriche, la faculté de racheter ces terres en remboursant la somme avancée.

Les suites n'ont que trop justifié les alarmes que ce traité répandit dans toute l'Alsace; on y pressentait tout ce qu'on aurait à redouter d'un voisin qui ne se plaisait que dans la guerre et qui, dans la fougue de ses entreprises, ne connaissait ni ménagemens ni difficultés. On avait une preuve toute récente de la violence du caractère du duc de Bourgogne dans la conduite qu'il venait de tenir à Liége, dont il fut à peine maître, que cette ville, déjà fort grande alors, éprouva le plus affreux pillage, qu'il ordonna le massacre de plusieurs habitans, que d'autres furent précipités dans la Meuse, et qu'enfin la ville entière fut réduite en cendres.

Ce fut le marquis de Hochberg qui vint prendre possession, au nom du duc de Bourgogne, du Sundgau, du Brisgau, du comté de Ferrette et du landgraviat d'Alsace. Il y établit pour bailli ou administrateur général le chevalier Pierre de Haguenbach, gentilhomme alsacien, né dans le Sundgau, très-brave, mais d'un caractère qui s'accordait parfaitement avec celui de son maître. On ne pouvait faire un choix plus déplorable, plus funeste au repos et aux intérêts des nouveaux sujets du duc de Bourgogne.

Haguenbach fut à peine en fonctions que les peuples se virent excédés de ses violences, de ses iniquités et de ses rapines. Les plaintes se succédèrent; mais elles n'eurent d'autre résultat que celui de provoquer des traitemens plus durs encore, lorsqu'elles parvenaient à la connaissance du farouche Haguen-

bach, le plus irascible comme le plus impi-
toyable des hommes.

Le duc de Bourgogne vint en Alsace en
1474, pour y visiter ses nouvelles possessions :
suivi de cinq mille chevaux, il voulut passer
par Colmar; mais, malgré ses instances, le
magistrat refusa de lui ouvrir les portes, et
le duc se proposa bien d'en tirer vengeance
tôt ou tard. Obligé de passer par Brisach, il
y reçut l'hommage de ses vassaux, et se rendit
alors à Ensisheim, où il admit les députés des
pays que l'archiduc d'Autriche avait eu la fatale
idée de lui engager.

L'empereur Frédéric était venu à Strasbourg
avec une cour nombreuse, et y avait été reçu
avec toute la magnificence du temps. La ville
lui fit présent de mille florins dans un immense bassin d'argent, et un pareil bassin fut
donné à son fils avec six cents florins : on
joignit à ces hommages les quantités de vin,
d'avoine et de victuailles nécessaires pour la
durée du séjour de l'empereur et de ses officiers. Frédéric jugea assez favorablement des
dispositions de la ville de Strasbourg pour
lui proposer de lui prêter serment de fidélité
comme à son seigneur. Mais nous voyons

dans la Chronique d'Ursperg que la ville de Strasbourg n'entendit pas transiger sur ses droits comme ville impériale absolument libre et indépendante, et que, tout en assurant l'empereur Fréderic de ses bonnes intentions à son égard, elle refusa positivement d'altérer en aucune manière son existence politique. Fréderic quitta Strasbourg, non sans montrer un peu d'humeur : il parcourut les villes de Fribourg, Bâle, Colmar, Saverne, et se rendit finalement à Trèves, où il reçut la visite du duc de Bourgogne.

Charles le hardi parut devant Fréderic avec une magnificence qui devait blesser la fierté du chef de l'Empire. Il était entouré de trois mille chevaliers très-richement équipés, et donnait l'exemple d'un faste tout-à-fait inusité. Il chercha à corriger ce que cet éclat pouvait avoir de mortifiant pour l'empereur, par les dehors les plus obligeans et par des présens d'une grande valeur.

Fréderic ne tarda pas d'apprendre quel était le véritable but de la démarche et des honnêtetés de Charles le hardi. Ce prince lui demanda de faire renaître en sa faveur le titre de roi de Bourgogne, offrant à l'empereur de

donner à Maximilien, son fils, la princesse
Marie de Bourgogne, et de le seconder dans
toutes ses entreprises. Mais Frédéric, qui avait
la mesure de l'ambition de Charles le hardi,
se restreignit à lui dire qu'une pareille affaire
exigeait le concours de tous les princes, et,
pour éviter toute obsession ultérieure, il quitta
Trèves inopinément et sans prendre congé.
Cette conduite irrita tellement le duc de
Bourgogne qu'il saisit avec empressement une
occasion que lui offrit Rupert, archevêque
de Cologne, de porter ses armes en Allemagne et de s'y ménager quelques chances
favorables à ses projets.

L'archevêque de Cologne se trouvait à
Trèves pour implorer les bontés de l'empereur, étant en rupture ouverte avec son
chapitre et les États du pays. Il avait été déposé en 1469, et mis au ban de l'Empire.
Hermann, landgrave de Hesse, était chargé
de l'administration de l'archevêché : celui-ci
était soutenu par l'empereur, par plusieurs
États de l'Empire, par le duc de Lorraine et
les Suisses. Rupert n'avait d'autre appui que
l'électeur palatin, son frère, et il obtint sans
peine l'assistance du duc de Bourgogne dans
l'entrevue qu'ils eurent à Trèves.

Charles, qui avait l'habitude de brusquer toutes les affaires, se hâta d'entrer dans l'électorat de Cologne, et vint mettre le siége devant Nuys, où Hermann se trouvait avec des forces assez considérables. Au premier signal de son entreprise, les États de l'Allemagne, croyant avoir tout à craindre de ses vues, se pressèrent d'envoyer des troupes au secours des assiégés ; et la ville de Strasbourg se signala particulièrement pour la cause commune, en faisant descendre le Rhin à un corps assez considérable de ses troupes, auxquelles se joignirent plusieurs volontaires, et les gentilshommes les plus distingués du pays, les Müllenheim, les Kageneck, les Zorn, les Bock et plusieurs autres. Hertzog nous apprend que les troupes de Strasbourg étaient commandées par Philippe de Müllenheim, et celles de la ville de Bâle par Velt de Neuenstein. Les cantons suisses fournirent également de grands secours, de manière que, sous peu de temps, le duc de Bourgogne se vit aux prises avec quinze à seize mille hommes qui, placés sur la rive opposée, abymaient de leur artillerie tous les convois qui lui arrivaient du pays de Gueldres.

Le nombre des ennemis du duc de Bour-

gogne grossissait sensiblement, et on en fut particulièrement redevable à l'active intervention
du roi de France Louis XI, qui redoutait plus
particulièrement le génie entreprenant du duc
Charles, dont il avait pénétré les vues, et qu'il
contrariait par tous les moyens qui étaient dans
son pouvoir. Ce fut par l'entremise de Louis
XI que Strasbourg et Bâle, entraînant les autres
villes et leur noblesse, firent une alliance de
dix années avec les Suisses, pour diriger toutes
leurs forces contre le duc de Bourgogne. Cet état
des choses donna une grande confiance au duc
d'Autriche Sigismond, qui n'hésita pas de se
joindre à tous ces confédérés, et s'occupa des
moyens de recouvrer ses possessions en Alsace,
qu'il avait si imprudemment engagées au duc
de Bourgogne; mais il lui fallait la somme de
80,000 florins, avancée par Charles le hardi,
et ses finances étaient trop épuisées pour réali-
ser ce capital. Les villes impériales de l'Alsace
furent consultées, et comme elles étaient toutes
intéressées à se débarrasser d'un voisin aussi dangereux que le duc de Bourgogne, la somme fut
fournie, et principalement par les deux villes de
Bâle et de Strasbourg. Il en fut donné avis au
duc de Bourgogne par un héraut, avec som-

mation de recevoir la somme, et de restituer les terres qu'il occupait en Alsace. Il ne répondit que par un refus bien positif et très-absolu.

En attendant son landvogt, le chevalier de Haguenbach, avait comblé la mesure par des vexations intolérables et de nombreux actes d'inhumanité. Les peuples étaient excédés de la servitude qu'il faisait peser sur eux : il avait été informé de quelques murmures, et ayant conçu le projet affreux de faire périr les principaux bourgeois de Brisach, l'horreur de cette résolution décida les Vallons qui étaient sous ses ordres, à l'abandonner. Ces troupes étant sorties de Brisach, le peuple alla investir la maison du chevalier de Haguenbach, le fit prisonnier, le mit aux fers, et envoya prier le duc Sigismond de décider du sort de cet homme vraiment atroce, qui était d'ailleurs né un de ses sujets.

Le duc Sigismond voulut que l'on procédât dans les formes, et il laissa aux villes confédérées le soin d'instruire et de juger en dernier ressort. Le tribunal fut composé de vingt-sept juges chosis parmi les hommes les plus instruits et les plus probes. Les villes de Stras-

bourg, Bâle, Sélestat, Colmar, Kentzingen,
Fribourg, Neubourg, Soleure et Berne, fournirent chacune deux juges, la ville de Brisach
en nomma huit, et le tribunal fut présidé
par Thomas Schott, prévôt d'Ensisheim.

Haguenbach subit sa destinée, malgré la
défense de son avocat, qui observa en vain que
cet officier du duc de Bourgogne n'avait fait
qu'obéir aux ordres de son maître. Il était
accusé, indépendamment de ses nombreuses
rapines et exactions, d'avoir fait décapiter
quatre bourgeois de Thann sans nulle forme
de procédure; d'avoir conçu le dessein d'égor-
ger plusieurs bourgeois de Brisach, et d'avoir
commis les violences les plus condamnables
à l'égard de plusieurs femmes et même envers des religieuses. Il fut condamné à être dé-
gradé de noblesse et à être décapité. Ce juge-
ment fut exécuté hors de la ville de Brisach,
aux flambeaux, et en présence d'une foule in-
nombrable d'habitans de l'Alsace, accourus
de très-loin pour assister au supplice de cet
homme qui avait déversé tant de calamités
sur le pays qui l'avait vu naître : sa dégrada-
tion de noblesse fut prononcée par le héraut
impérial, Gaspard Haldern.

On peut se faire une idée du ressentiment du duc de Bourgogne. Il envoya six mille hommes dans le Sundgau, et, pour s'assurer d'être bien servi dans sa vengeance, il confia le commandement de ces troupes au frère du chevalier de Haguenbach. Le pays étant dégarni, les soldats du duc de Bourgogne se conduisirent en vrais Vandales; mais leur brigandage dura peu de temps : les Suisses vinrent au secours de Sigismond, et à leur seule approche les Bourguignons battirent en retraite.

Les confédérés crurent devoir se porter à une entreprise sérieuse : ils se réunirent aux Suisses pour porter la guerre dans les propres terres du duc de Bourgogne. Strasbourg fournit deux mille hommes d'infanterie et deux cent cinquante chevaux, avec un train d'artillerie; ce corps fut sensiblement augmenté par les troupes de l'évêque de Strasbourg : Bâle et les autres villes donnèrent des forces plus ou moins considérables. La première entreprise de cette armée fut la prise d'Héricourt et la défaite entière du comte de Blamont, qui était venu au secours de la place et qui perdit au-delà de deux mille hommes. Dans cette circonstance les troupes strasbourgeoises enlevèrent

cinq étendards, que l'on vit long-temps sus-
pendus dans l'église cathédrale, comme un
monument de leur bravoure et de la part
qu'elles avaient eue à cette victoire. Blamont
fut également pris par les confédérés, et la
Chronique d'Ursperg nous apprend que la ville
de Strasbourg avait envoyé de nouveaux renforts, et entre autres une pièce de canon qu'il
fallut faire traîner par dix-huit chevaux.

Nous ne devons pas laisser ignorer que ce
fut dans ces circonstances que l'on décida en
faveur de Strasbourg une difficulté qui était
agitée depuis long-temps. Cette ville prétendait à l'honneur de porter l'étendard impérial,
et conséquemment de tenir le premier rang
dans l'armée. Ce droit lui était contesté par
les villes de Nuremberg, Cologne, Augsbourg,
Francfort et Ulm. Celle de Cologne s'était
rendu justice à elle-même, en s'emparant du
drapeau impérial; mais elle fut forcée de le rendre à la ville de Strasbourg, et ce fut Philippe
de Müllenheim qui eut l'honneur de le porter.

Cependant l'entreprise du duc de Bourgogne
sur Nuys demeurait sans résultat, et ce prince
avait d'autant plus de raison de désespérer du
succès, que les troupes de l'empereur étaient

en pleine marche pour seconder les efforts des confédérés. Charles le hardi se vit dans la nécessité de lever le siége de Nuys, qui durait depuis onze mois, durant lesquels il avait donné cinquante assauts. Pour les temps d'alors surtout, il avait, suivant Hertzog, employé une artillerie formidable, ayant fait conduire devant Nuys trois cent cinquante pièces de canon, parmi lesquelles cent quinze couleuvrines. Charles le hardi était d'autant plus intéressé à quitter l'Allemagne, que les Suisses et les confédérés avaient porté la guerre dans ses propres États.

Il n'a pu entrer dans nos vues de faire le récit des événemens qui ont succédé à l'entreprise des confédérés. Tout le monde connaît les désastres qui ont frappé les armées du duc de Bourgogne à Granson, à Morat, et ceux qui ont terminé sa carrière à Nancy, le 5 Janvier 1477, où, abattu de son cheval par un coup de lance donné par Bauzemont, châtelain de Saint-Diez, et déjà couvert d'autres blessures à la tête, aux reins et proche du fondement, il finit une vie sans doute très-courte, puisqu'il n'était âgé que de quarante-six ans, mais extrêmement agitée, et plus inquiétante encore pour ceux avec lesquels il savait se mettre en contact.

Quelques auteurs ont prétendu qu'il avait été tué dans l'affaire de Morat; mais il est hors de doute qu'il n'a succombé qu'à Nancy, n'ayant fait son invasion dans la Lorraine que dans la confiance qu'il y réparerait les défections qu'il venait d'éprouver à Granson et à Morat. On voyait au milieu d'un étang situé à la gauche, hors de la porte de Saint-George, un monument contenant ces vers, qui sont bien dans le style du temps :

> En l'an de l'incarnation
> Mil quatre cens septante six,
> Veille de l'aparition,
> Fut le duc de Bourgogne occis,
> Et en bataille ici transis,
> Où croix fut mise pour memoire,
> Réné duc de Lorraine mercy
> Rendant à Dieu pour la victoire.

Charles le hardi, d'après la manière actuelle de compter, fut véritablement tué le 5 Janvier 1477; l'inscription porte l'année 1476, parce qu'alors l'année commençait à Pâques.

Tous ces succès contre le duc de Bourgogne sont assez généralement attribués aux

Suisses exclusivement, et quelques historiens
n'ont paru tenir nul compte, aux alliés de
l'armée suisse, du concours de leurs forces et
de leur courage. La ville de Strasbourg surtout
s'était distinguée dans ces dernières affaires par
ses sacrifices, comme par la valeur de ses
troupes : ses soldats se montrèrent intrépides,
firent des prisonniers de marque, et entre
autres un comte de Nassau, qui fut conduit
à Strasbourg. Les renforts de cette ville se
succédèrent assez rapidement ; les derniers
encore, avec douze nouvelles pièces d'artillerie, étaient sous les ordres du comte d'OEt-
tingen.

Lorsque Strasbourg se crut en danger par
suite des entreprises du duc de Bourgogne,
le magistrat fit des dépenses énormes pour
la défense de la place. Il fit raser plusieurs
monastères qui touchaient pour ainsi dire
à ses murailles, entre autres, ceux de Saint-
Marc, des Carmes, de Sainte-Agnès, de Saint-
Jean dans les eaux, des Pénitentes, etc. La
ville fit démolir de plus toutes les maisons
rapprochées de ses murs ; on détruisit ainsi
treize cents bâtimens. C'est dans les mêmes
circonstances, qu'en employant huit cents

ouvriers par jour, on acheva la construction
des quatre-vingt-dix tours qui flanquaient l'enceinte de la ville, et dont quelques-unes seulement existent encore. Cette guerre coûta à
Strasbourg la somme, alors très-considérable,
de cent soixante-cinq mille florins d'Empire.

INCENDIES REMARQUABLES

A STRASBOURG,

DANS LES SIÈCLES PASSÉS.

Pendant une longue série d'années et même peu de temps avant la révolution, la ville de Strasbourg s'était fait une sorte de réputation par la sagesse et l'esprit de prévoyance qui distinguaient ses réglemens concernant les incendies. Les villes les plus importantes de l'Allemagne lui en demandèrent la communication pour adopter les mêmes mesures : celles-ci étaient le résultat de l'expérience la plus désastreuse.

Strasbourg fut affligé bien fréquemment d'incendies très-graves, et il paraît que l'on était alors peu familiarisé avec les moyens d'en combattre les progrès, puisque leurs ravages s'étendaient sur tout le quartier où le feu avait éclaté, qu'ils enveloppaient même une partie du canton.

Outre que les moyens de répression étaient bien loin de ce degré de perfection qu'ils ont obtenu depuis nombre d'années, et plus particulièrement de nos temps, c'est que la construction très-vicieuse des maisons, la plupart en bois, facilitait les progrès de l'incendie, en même temps qu'elle le faisait naître à la plus légère imprudence. La flamme gagnait rapidement le voisinage, les maisons en bois étant pour ainsi dire enchevêtrées les unes dans les autres, sans pignons en pierres, avec deux et jusqu'à trois avant-toits se touchant pour ainsi dire, et communiquant très-rapidement le feu d'un étage à l'autre. Non-seulement cet état des choses propageait le mal, mais il rendait même impraticables ou entravait d'une manière désastreuse toutes les tentatives de secours.

En 1298, un incendie, qu'il eût sans doute été facile de réprimer avec l'emploi des moyens usités aujourd'hui, éclata dans la rue du Maroquin, et la presque-totalité du quartier fut réduite en cendres.

En 1298 le feu prit sur la place de la Cathédrale, dans l'ancienne maison dite *le Zollkeller*. Ses ravages jetèrent la désolation dans les parties les plus aisées, les plus commerçantes, les plus fréquentées de la ville : l'incendie se propagea jusque dans la rue du Maroquin, de là dans celle Mercière, sur le vieux marché-aux-poissons, sur le fossé-des-tailleurs, dans la rue des Hallebardes, et jusqu'à l'entrée des grandes-arcades. Trois cent cinquante-cinq maisons furent réduites en cendres; sans compter celles qui furent fortement endommagées et dont la reconstruction fut jugée nécessaire.

Ce quartier fut affligé d'un second incendie en 1319. Le feu éclata dans la rue des Hallebardes et gagna les maisons du fossé-des-tailleurs, qui furent entièrement consumées.

L'année 1352 fut marquée par le même événement et dans le même quartier : les maisons du fossé-des-tailleurs furent encore détruites par le feu; les étincelles se portèrent jusqu'aux boutiques de l'ancien hôtel-de-ville, qui furent incendiées, ainsi que la presque-totalité de la rue des Serruriers. Les pertes furent immenses.

Une fatalité toute particulière a pesé sur ces quartiers. La rue du Maroquin eut à souffrir d'un nouvel incendie, en 1353 ; le feu gagna la rue de l'Hôpital et le marché aux petits porcs, en face des grandes-boucheries : cent cinquante-trois maisons furent dévorées par les flammes.

En 1327 le feu éclata dans la rue dite *Stadelgass;* il gagna le fossé-des-tanneurs, et réduisit quarante-six maisons en cendres. Cinquante-sept ans plus tard, en 1384, le feu prit dans une maison au même fossé-des-tanneurs, atteignit la rue du Foulon, et traversa le canal pour porter ses ravages dans la grande et la petite *Stadelgass* : on ne parvint à le fixer qu'au coin de la petite rue derrière la Maison-rouge, et à l'occasion de ce malheureux événement cette rue prit le nom de *Brand ein Ende* (fin de l'incendie). Cent soixante-six maisons furent brûlées jusqu'aux fondemens.

Le feu prit dans une maison de la rue Dauphine, en 1373, et quatre-vingts maisons devinrent la proie des flammes.

Le quartier de Sainte-Aurélie, au faubourg Blanc, eut à souffrir d'une semblable calamité dans la même année : le feu éclata dans une grange, et gagna toutes les maisons depuis l'église jusqu'au fossé de la ville. Sept semaines après, ce malheur se renouvela dans le même quartier, pendant que les maisons se reconstruisaient. Le feu y avait été mis par des misérables, dans la vue de nuire aux malheureux propriétaires et de voler à la faveur du désordre : surpris au nombre de trois, ils furent brûlés vifs, conformément aux lois alors en vigueur.

L'incendie le plus affligeant fut celui qui éclata, en 1397, près la porte de l'hôpital civil, où fut placée plus tard la balance au foin : il réduisit en cendres tout ce quartier jusqu'à la porte Dauphine, c'est-à-dire, quatre cents maisons et deux cents granges. Plusieurs familles ne purent se relever de ce désastre, qui laissa des traces aussi longues que douloureuses.

Nous avons fait une étude particulière de la recherche des anciens réglemens du magistrat de Strasbourg concernant les incendies, et nous n'en avons point trouvé qui fussent antérieurs à l'année 1688. Cependant les désastres dont on avait eu à se plaindre devaient exciter toute la sollicitude du magistrat. Il est vraisemblable qu'avant cette époque les mesures ne furent point réunies en forme de réglement ou de statuts; que les circonstances déterminaient la nature des moyens propres à combattre les incendies, et que c'est bien véritablement le réglement du 4 Juin

1684 qui a présenté le complément des dispositions propres à les prévenir et à en arrêter
les ravages par des secours efficaces. Nous
voyons toutefois que, par ce même réglement
de 1684, le magistrat a reconnu l'insuffisance
des moyens prescrits jusqu'alors; et ce qui
prouve bien qu'il avait le sentiment des maux
que les incendies avaient occasionés dans cette
ville, c'est que dans le préambule du réglement on trouve cette invocation : *que la bonté
divine veuille les détourner à l'avenir !*

Les premiers articles de ce réglement, vrai
modèle de sagesse et de prévoyance, prescrivent toutes les précautions à prendre contre le
feu, tant de la part des particuliers en général,
que de celle des aubergistes, cabaretiers et autres teneurs de maisons où l'on donne à coucher.

Ils ordonnent une surveillance particulière
à ceux qui sont du guet, pour pouvoir donner l'éveil dès qu'ils auront remarqué un incendie dans une habitation quelconque.

L'article 4 semble prescrire pour la première fois que les maîtresses-murailles de côté
et de derrière des maisons, tant de celles qu'on
répare, que de celles qu'on bâtit à neuf, ne
seront construites qu'en pierres.

Une mesure tout aussi importante est celle que contient l'article 5 : il défend de construire aucune place destinée à recevoir du feu, comme fours à cuire du pain, à sécher et à faire de la poterie, chaudières de brasseur, chaudières à lessives, de savonnerie, foulerie; teinture, forge, et pareils endroits où l'on fait du feu, soit grands, soit petits, soit dans une vieille maison, soit dans une neuve, sans en avoir obtenu la permission de la Chambre des XV.

L'article 6 défend que les cheminées, fours et autres endroits où l'on ferait du feu, soient confectionnés par des gens inconnus et sans aveu, ou par des ouvriers ambulans; il exige qu'ils soient faits par des maîtres maçons, bourgeois de la ville, *qui ont leurs articles et réglemens à cet égard,* sur lesquels ils prêtent serment.

Nous voyons par l'article 7, que les cheminées et tuyaux de cheminées devaient être construits de bonnes briques et non de petits carreaux, et que le tuyau devait être élevé de cinq pieds au-dessus de l'ouverture, afin d'empêcher les étincelles de se porter sur les greniers ou dans les maisons voisines. Ces mêmes cheminées devaient être élevées en ligne droite, avec défense de les incliner en aucun sens quelconque ; et toutes celles qui ne présentaient point assez d'espace pour rendre les mouvemens du ramoneur parfaitement libres, devaient être abattues de suite, pour être reconstruites de la manière désignée.

L'article 8 prescrivait les mesures de précaution à l'égard des ouvertures dans les tuyaux de cheminée par lesquels la fumée passe dans les voûtes où l'on sèche la viande.

L'article 9 enjoint aux ramoneurs jurés de la ville, en vertu du serment par eux prêté, d'aller de six mois en six mois dans toutes les maisons de la ville, pour y faire la visite des cheminées, et de pourvoir au besoin à leur nettoiement, malgré toute opposition des propriétaires, dont il serait référé de suite à l'ammeistre régent.

On voit par l'article 10 que toutes les lattes, les poutres et les solives qui se trouvaient dans les fours, cheminées, tuyaux de cheminées et dans les murailles contre lesquelles on faisait du feu, devaient en être enlevées de suite, et les ouvertures fermées de pierres.

Tous les articles subséquens prescrivaient

aux particuliers, pour l'intérieur de leurs habitations, des mesures de précaution et de surveillance qui prouvent toute la sollicitude des magistrats.

L'article 24 est surtout remarquable; nous le rapporterons textuellement.

« Pour que lesdites défenses sortent d'autant
« plus sûrement leur effet, il est ordonné
« qu'en cas qu'il survînt un embrasement,
« en quelque endroit, par la négligence de
« celui qui y demeure ou de ses domestiques,
« icelui, au cas que le tocsin ait été sonné,
« sera tenu de rembourser à la ville tous frais
« faits à ce sujet, de faire bon les pertes que
« les voisins auront faites, réparer le dommage
« qu'ils auront souffert, et de payer en outre
« au fisc une amende de quarante livres. Au
« cas pourtant que le feu ait été découvert
« moyennant l'appel des gardes qui sont sur la
« tour de la grande église, et éteint aussitôt,
« l'amende ne sera que de vingt-quatre livres;
« et si le feu a été éteint sans sonner le tocsin
« et sans alarme, ladite amende sera de douze
« livres, et en ce dernier cas nous adjugeons
« le quart de ladite amende au dénonciateur:
« voulant que, s'il se trouvait que les délin-

« quans ne fussent pas en état de payer ladite
« amende et de bonifier à la ville les frais
« déboursés, ils soient retenus en prison tant
« qu'il plaira au magistrat de l'ordonner. »

Les articles subséquens prescrivent le bon entretien des puits, qui étaient alors très-nombreux, même en dehors des maisons et sur les diverses places de la ville; l'obligation de rompre journellement et sur divers points la glace des rivières pendant l'hiver, lorsque les puits ne donnent que fort peu d'eau, et l'injonction à ceux des habitans qui n'ont point de puits dans leurs maisons, d'y tenir durant les grandes chaleurs une forte provision d'eau.

L'article 31 exigeait qu'à l'avenir tous ceux qui feraient construire des cheminées, fissent établir un tiroir de fer à leur extrémité supérieure, de manière à pouvoir étouffer le feu en cas d'incendie.

Le nombre des articles de ce réglement est porté jusqu'à cent sept. Nous ne rapporterons pas toutes les dispositions qu'il contient, parce qu'elles tenaient à l'ancienne organisation du magistrat et à l'action des diverses tribus qui en étaient une dépendance. La plus déplorable des expériences n'avait fait négliger

aucun moyen de prévenir le retour des incendies, comme de les combattre, en cas d'événement, de la manière la plus prompte et la plus
efficace.

Ce réglement fut revu en 1693 ; de nouveaux
articles en complétèrent la perfection.

L'arrivée des troupes de la garnison aux
lieux des incendies avait entravé ou embarrassé
le mouvement des hommes commis pour les
éteindre : il fut ordonné, de concert avec
l'état-major, que les troupes s'abstiendraient à
l'avenir de se présenter au lieu même de
l'incendie.

L'article 2 enjoint aux maîtres maçons, sous
peine de quarante livres d'amende, de bien
examiner les endroits où l'on a le dessein de
placer des fourneaux, des fours à cuire du
pain ou à faire la lessive, des chaudrons,
chaudières ou foyers, ou autres endroits desti-
nés à contenir du feu, et de ne construire les
maîtresses-murailles des maisons ou granges
qu'en bonne et épaisse maçonnerie.

Les mêmes précautions furent prises pour
les réservoirs des cendres.

Ce fut ce supplément de réglement qui
prescrivit aux gardes de la tour de la cathé-

drale de faire la ronde tous les quarts d'heure, et de sonner le tocsin aussitôt qu'ils apercevront du feu, *sans aller demander ou attendre aucun ordre pour cela.*

Ce fut ce même supplément de réglement qui assigna une rétribution en argent aux conducteurs de pompes arrivés les premiers au lieu de l'incendie.

L'un des articles établit des moyens de répression contre les fainéans dispersés autour du feu, et qui refusent de mettre la main à l'œuvre.

L'article final est remarquable, en ce qu'il démontre jusqu'à quel point les désastres passés avaient excité toute la sollicitude du magistrat et son bien vif désir d'en prévenir le retour.

« Nous voulons, enfin, que non-seulement
« le présent supplément, mais aussi le régle-
« ment de 1668, soit dès-à-présent et à l'ave-
« nir, tous les ans deux fois, savoir, huit
« jours avant chaque foire, lu distinctement
« sur toutes les tribus par le greffier d'icelle,
« et que pour cet effet tous ceux de la tribu
« y soient appelés ; et voulons qu'alors il ne
« soit fait lecture d'aucune autre ordonnance,

« afin que ceux de la tribu puissent d'autant
« mieux retenir celle qu'on leur aura lue rela-
« tivement aux incendies. »

Un nouveau désastre vint exercer toute la
sollicitude du magistrat, en même temps qu'il
lui imposa les regrets les plus douloureux.

On avait construit, en 1395, un superbe
hôpital sur le même emplacement où se trouve
l'hôpital actuel : il avait été achevé en 1398.
Le 6 Novembre 1716 le vit détruire, en trois
heures de temps, par un incendie qu'il fut
impossible de maîtriser, et qui prit naissance
dans un magasin de copeaux et de bois. Le
directeur de l'établissement, croyant pouvoir
arrêter les progrès du feu par les secours
qu'il avait à sa disposition, tint les portes
fermées. Tous les bâtimens furent consumés,
à l'exception de la chapelle, qui sert aujour-
d'hui de théâtre anatomique, et qui, ainsi que
celle de l'hôpital primitif près la rue Mercière,
était dédiée à S. Erhardt.

Le magistrat publia, en 1717, une instruction qui régla les soins et la conduite des
quarante hommes délégués par les vingt tribus
de la ville pour présider à l'exécution des
mesures prescrites en cas d'incendie. Cette or-

donnance mettait sous la conduite nominative
de chacun de ces délégués les diverses pompes
à feu dispersées dans les différens quartiers de
la ville, en même temps qu'elle plaçait sous
leur direction l'emploi des hommes commandés pour le service de ces pompes, et qu'elle
les autorisait à donner l'impulsion aux tonneliers, brasseurs et autres personnes chargées
de puiser l'eau dans les puits les plus rapprochés de l'incendie.

Ce supplément de réglement, en même
temps qu'il consacrait des mesures de surveillance pour prévenir les vols que le désordre
favoriserait dans les maisons incendiées, fixait
de la manière le plus précise les attributions
de chacun des quarante délégués des tribus,
lesquels s'attachaient uniquement aux soins
qui leur étaient départis, sans se mêler du
travail des autres.

Un nouveau réglement, en l'année 1718, a
établi quelques garanties de plus contre les
ravages du feu, et il paraît que ce fléau avait
bien vivement exercé tous les soins du magistrat, puisqu'en parlant des incendies dans
le préambule de ses ordonnances, on retrouve
encore cette invocation : *Que la divine Pro-*

vidence veuille nous en préserver par la suite !

Le réglement de 1718 prescrit des visites journalières chez les cabaretiers et autres logeurs, pour surveiller la conduite des étrangers ou hommes suspects qui pourraient être soupçonnés de mettre le feu dans les maisons, afin de voler à la faveur du désordre.

Ce même réglement détermine la confection des pignons, toutes les fois qu'il s'agira de réparer ou de construire une maison à neuf.

Il défend toute construction de fours à cuire du pain, à sécher et à faire de la poterie, chaudières de brasseurs, chaudières à lessives, de savonnerie, foulerie, teintures, forges, etc., sans l'inspection préalable et l'autorisation formelle du magistrat.

Il interdit toutes les constructions de l'espèce, et particulièrement des cheminées, à tous ouvriers autres que les maçons assermentés et cautionnés de la ville, auxquels il enjoint de veiller par eux-mêmes à la confection des travaux, avec défense de les confier en aucun cas à l'inexpérience d'un manœuvre ou garçon ouvrier.

L'article 7 détermine le degré de solidité

que doit avoir toute cheminée quelconque, et exige qu'elle soit construite en briques bien cuites et élevée au moins de cinq pieds au-dessus du toit.

L'article 9 prescrit les visites d'office de la part des ramoneurs assermentés, et leur enjoint de dénoncer de suite aux magistrats le refus des propriétaires de se prêter à l'examen des cheminées de leurs maisons.

L'article 24 engage la responsabilité, tant envers ses voisins pour le dommage que leur cause l'incendie, qu'envers la ville pour ce qui concerne les frais de secours, de tout individu dont l'habitation se trouvera incendiée par sa négligence ou par celle de ses valets; et dans le cas où il serait hors d'état de faire face à ces dédommagemens, le réglement prescrit qu'il pourra être retenu en prison aussi long-temps que le magistrat le jugera convenable.

Les autres articles déterminent les différens détails du service dans les cas d'incendie; mais rien ne démontre mieux la préoccupation du magistrat, à raison des désastres que la ville avait éprouvés par le feu, que la charge qu'il impose, par l'article 48, à tout individu étranger venant s'établir à Strasbourg, de fournir, indépendamment des autres obligations, un seau en cuir propre aux incendies, et de renouveler cette prestation à la naissance de chaque enfant.

Un réglement très-étendu, du 23 Septembre 1765, a consacré de nouveau la plupart des dispositions dont nous avons parlé, et défend surtout impérativement que les maîtresses-murailles de côté et de derrière des maisons (sous lesquelles il ne comprend pas seulement les places où l'on ferait du feu, dans une industrie quelconque, mais aussi les pignons, tant des maisons qu'on répare, que de celles qu'on bâtit à neuf) soient construites autrement qu'en pierres.

Il établit encore les mêmes précautions dans la construction des cheminées et la même élévation au-dessus de l'ouverture d'où elles sortent.

Il ordonne la démolition immédiate de celles qui ne seraient pas assez larges pour permettre aux ramoneurs d'y monter et de s'y mouvoir assez facilement pour en ôter complétement la suie.

Il exige que les cheminées des maisons soient

visitées tous les trois mois par les ramoneurs jurés, conformément à leur serment, et, à défaut de ce soin de leur part, il engage leur responsabilité personnelle pour tous dommages qui auraient été le fait de leur négligence.

D'après l'article 10, toutes les lattes, les poutres et les solives existant dans les fours, cheminées, tuyaux de cheminées et dans les murailles contre lesquelles on fait du feu, doivent être retirées de suite et les ouvertures fermées de pierres.

L'article 45 ordonne que chacune des vingt tribus de la ville soit pourvue de cinquante seaux à feu de cuir, faits à l'épreuve, dont la moitié doit être conduite au lieu de l'incendie, l'autre moitié chargée sur des charrettes et tenue prête pour être transportée là où il serait jugé nécessaire.

L'article 49 veut que ceux des habitans qui ne sont pas en état de prêter du secours au cas d'un incendie, soit à raison de leur âge ou de leur santé, livrent, suivant leurs facultés, trois, deux ou un seau de cuir, et les pauvres la moitié ou le quart de la valeur d'un seau, seulement une fois pour toutes.

L'article 57 recommande aux hommes principalement institués pour porter secours lors des incendies, une sobriété toute particulière, afin d'être toujours en état de remplir les soins qui leur sont imposés.

L'article 58 décerne une récompense aux conducteurs de charrettes chargées de seaux qui arriveront les premiers au lieu de l'incendie. La récompense de cette activité est progressive : le premier arrivé au feu avec les seaux devait recevoir douze sous ; le second, dix ; le troisième, huit, et le quatrième, six sous.

L'article 60 veut que, dès les premiers coups de tocsin, chacun des douze tonneliers jurés conduise incessamment, au lieu de l'incendie, une charrette chargée de deux grandes cuves et d'autant de petites ; pour récompense de quoi, ils recevront, chacun annuellement, une somme de quatre livres tournois.

L'article 66 exige que tous les nettoyeurs de puits, crocheteurs et brouetteurs promettent, tous les ans à la Saint-Jean, par serment, aux commissaires députés au feu, de venir en grande diligence avec leurs outils au lieu de l'incendie, pour se mettre à la disposition desdits commissaires.

L'article 67 statue que les seize bourgeois

charpentiers et les seize maçons délégués pour les incendies, prêteront serment, tous les ans, de se rendre de suite au lieu de l'incendie avec les haches et instrumens que la ville leur a fournis à cet effet, d'user de tous les moyens propres à fixer les ravages du feu, et de ne quitter que lorsque tout danger aura cessé.

L'article 94 prescrit que toutes les nuits, pendant les deux foires de Noël et de la Saint-Jean, il sera commandé deux hommes de garde, dans les rues des Tonneliers, de l'Hôpital et de Saint-Urbain, pour y veiller et préserver ces quartiers des incendies, dont ils ont été si fréquemment affligés.

Un des réglemens les plus remarquables concernant les incendies, et qui présente un caractère plus particulier de prévoyance et de sagesse, est celui que le magistrat de Strasbourg publia le 6 Février 1786.

Il porte, à l'article 1.er, que tous maîtres maçons et charpentiers qui n'auront pas confectionné en pierres les maîtres-murs, ainsi que les pignons attenant à des maisons voisines, soit qu'on les construise à neuf, soit qu'on les répare, seront condamnés en trois cents livres d'amende et à la démolition à leurs frais de ceux de ces murs ou pignons construits en bois.

L'article 2 ordonne que les ouvertures des pignons attenant à des maisons voisines soient pourvues de volets ou de coulisses garnies de tôle; et le même article invite les propriétaires des maisons à mettre aux lucarnes et autres ouvertures des greniers, soit des volets en dedans, soit des contre-vents au dehors.

L'article 3 renouvelle, sous les peines portées par l'article 1.er, la défense de construire aucun four à sécher, à faire de la poterie; aucune chaudière à lessive, savonnerie, foulerie, teinturerie et autres; aucun séchoir de brasseur, ni foyer pour distillation d'eau-de-vie, etc., soit dans une ancienne maison, soit dans une neuve, à moins d'un examen préalable du local par l'inspecteur des bâtimens ou le maître maçon de la ville, et sans une permission par écrit du collége de MM. les commissaires aux incendies.

L'article 6 prononce une amende de cent cinquante francs contre tout maître maçon qui construirait une cheminée autrement que de la manière suivante :

Toutes cheminées, avant-cheminées, che-

minées à la française et autres, seront posées
sur la terre, ou sur une cave voûtée, et celles
que l'on construira à un étage supérieur,
devront reposer sur une voûte pratiquée dans
l'enchevêtrure; laquelle voûte débordera le
contour extérieur au moins de dix pouces sur
les côtés, et de quinze sur le devant, de sorte
que la tablette de la cheminée soit entièrement
assise sur la voûte.

Le même article enjoint la démolition immédiate de toute cheminée qui serait construite
différemment, et ne donne aux propriétaires
que trois mois de délai pour se conformer à
cette disposition.

L'article 7 veut que les cheminées et leurs
tuyaux soient construits en bonnes briques,
épaisses de deux pouces mesure-de-roi, et
non de l'espèce de carreaux dont on se servait autrefois pour leur construction; et, pour
empêcher les étincelles de voler sur les greniers
et sur les maisons voisines, cet article exige
que les tuyaux soient élevés au moins de cinq
pieds au-dessus de l'ouverture par où ils sortent des toits. Il ordonne de plus que l'élévation extérieure des cheminées soit perpen-
diculaire, et que dans l'intérieur des maisons

elles ne soient couchées, courbées ou pliées en une proportion moindre que le tiers de la hauteur : le tout à peine de cent livres d'amende.

Cet article prescrit finalement que toute cheminée dont on sera obligé de faire passer le tuyau par des enchevêtrures, planchers, cloisons ou autres bois, doit avoir au moins sept pouces de charge de bonne maçonnerie ou de plâtre entre l'extérieur du tuyau et ces bois.

L'article 8 ordonne, sous peine de 100 livres d'amende, la démolition immédiate de toutes les cheminées qui seraient assez étroites pour gêner en une manière quelconque les mouvemens des ramoneurs.

L'article 10 veut que les cheminées des boulangeries, brasseries, poteries, teintureries, fonderies, et celles des fours à faïence et à porcelaine, soient construites avec des briques de sept pouces de largeur posées à plat ;

Que celles des forges des maréchaux, serruriers, cloutiers, orfèvres, armuriers, chaudronniers, taillandiers et autres de cette espèce, ainsi que celles des distillateurs d'eau-de-vie, soient en briques de cinq pouces de largeur, également posées à plat.

L'article 12 renouvelle toutes les prohibitions quant aux lattes, poutres et solives qui se trouvent dans les fours, cheminées, et dans les murailles contre lesquelles on fait du feu.

L'article 13 exige que tous les lieux où l'on fait du feu, tels que cuisines, buanderies et autres, soient pavés de briques ou de dalles, à peine de 20 livres d'amende. Il impose aux ramoneurs jurés l'obligation de faire la visite des cendriers, pour s'assurer s'ils sont couverts d'une porte de fer, et s'ils sont posés ailleurs que sur terre ou sous une voûte.

L'article 14 ordonne que les fourneaux de fonte, introduits par l'usage, ne seront posés que par les maîtres maçons ou potiers de la ville, lesquels seront tenus d'en répondre : il exige de plus que ces fourneaux ne soient placés que sur une pierre au moins de six pouces, et que devant la bouche du fourneau il soit posé une dalle ou pièce de tôle débordant au moins d'un pied.

L'article 16 enjoint que les tuyaux des fourneaux de fonte aient au moins la largeur du diamètre de quatre pouces.

Il ordonne l'enlèvement immédiat de toutes cloisons ou de tous lambris de bois qui se trouveraient trop rapprochés des fourneaux de fonte ou de leurs tuyaux, et leur remplacement par un mur en pierres ou en briques.

L'article 17 défend de faire passer les tuyaux des fourneaux à moins de dix-huit pouces du plafond, et, bien plus encore, de leur faire traverser des cloisons pour les introduire dans une cheminée éloignée, à moins qu'il n'y ait une distance d'un pied en tout sens de toute boiserie.

Les autres articles concernent l'ordre qui doit présider aux secours en cas d'incendie ; mais, comme ils sont inhérens à l'ancienne organisation du magistrat, nous nous dispenserons de les rapporter.

Jusqu'à l'époque de 1791 nous ne trouvons plus aucun réglement relatif aux incendies. Deux dispositions ont été publiées dans cette année, à la même époque du 24 Août : l'une concernant la police du ramonage des cheminées, et l'autre la construction de ces mêmes cheminées et de tous les lieux où l'on fait du feu.

La première enjoint à tous les propriétaires de maisons, sans exception, de faire nettoyer leurs cheminées tous les trois mois, à peine de six livres d'amende pour chaque contra-vention.

L'un des articles divise les douze sections de la ville entre les ramoneurs jurés, de manière qu'ils puissent se partager la visite de toutes les cheminées de chaque section, et il leur alloue d'office pour ces visites la somme de 5o livres par chaque section.

Le second de ces réglemens renouvelle les dispositions précédentes par rapport à la solide confection des maîtres-murs et des pignons attenant aux maisons voisines, et prescrit derechef l'exécution littérale de toutes les autres mesures édictées par le dernier réglement; mais il détermine d'une manière plus positive la largeur des cheminées : il veut que toutes celles qui n'auront point intérieurement au moins quinze pouces de largeur et dix-huit pouces de profondeur, soient démolies de suite.

Une délibération du corps municipal, du 10 Octobre 1791, remplaça par des agens spéciaux des incendies ceux que l'ancien magistrat avait trouvés dans les ramifications de sa vaste et antique organisation.

Les officiers municipaux, administrateurs de la police et des travaux publics, furent nom-

més directeurs principaux et ordonnateurs de
la police des incendies, en leur donnant pour
suppléans deux autres officiers munipaux, dé-
signés par le corps municipal à chaque renouvellement de la municipalité.

On mit sous les ordres de ces mêmes officiers municipaux, pour pourvoir à la distribution des secours, les deux inspecteurs aux
travaux publics, et quatre ramoneurs jurés
commis par la municipalité.

Les deux inspecteurs aux travaux publics
furent autorisés à choisir dix garçons maçons
et autant de garçons charpentiers, pourvus
de haches et de pioches, pour être employés
au besoin.

La délibération règle également le service
des ramoneurs en cas d'incendie.

Elle institua des chefs des dépôts de pompes,
en leur assignant un traitement annuel de
quarante-huit livres, et attacha une compagnie
de pompiers à chaque dépôt, en fixant pour
chacun une gratification annuelle de quatre
livres dix sous lors de leur présence à un incendie, lorsque celui-ci aura duré moins de trois
heures; le salaire devant être augmenté s'ils ont
été employés plus long-temps.

Un des articles de cette délibération établit six brigades de puiseurs d'eau, en assignant à chacun d'eux la même rétribution qu'aux pompiers.

Un autre institua un mécanicien chargé de pourvoir à la réparation des pompes, et d'assister à toutes les visites.

L'article 18, rendant hommage aux services rendus dans tous les temps par les garçons et compagnons brasseurs, tonneliers et baquetiers, les invite à continuer avec le même zèle et le même empressement de se rendre aux incendies, et commet deux personnes de leur état pour les diriger et prendre note de céux qui auront prêté leur secours.

Voici comme cette délibération règle la sonnerie du tocsin, en cas d'incendie.

Si le feu est de l'autre côté du faux-rempart, c'est-à-dire, dans un des trois faubourgs, il sera frappé un seul coup, et cela après avoir sonné d'abord le tocsin.

Si le feu est de l'autre côté de la rivière, depuis la grande écluse des fortifications jusqu'au pont royal, y compris la citadelle; il sera frappé quatre coups.

Si le feu est dans l'intérieur de la ville,

dans le quartier qui s'étend depuis la place de Saint-Pierre-le-jeune, la Tour aux Pfennings, les grandes-arcades et le marché-aux-poissons, jusqu'au faux-rempart des prisons. en-deçà de ce faux-rempart et de la rivière, il sera frappé deux coups.

Enfin, si le feu est de l'autre côté de la ville, entre le marché-aux-poissons, les grandes-arcades, la grande rue de l'Église, la place de Saint-Pierre-le-jeune, le faux-rempart de l'arsenal et la rivière, en remontant jusqu'au pont de la boucherie, il sera frappé trois coups.

Le signal général du tocsin donné à la cathédrale sera continué ou ralenti selon les progrès du feu et des secours : il sera répété par les églises les plus rapprochées de l'incendie, de jour, pendant un quart d'heure seulement, et de nuit, pendant une demi-heure.

Les autres articles de cette délibération règlent l'illumination de la ville en cas d'incendie, les précautions à prendre pour se procurer l'eau nécessaire, le service des employés, l'ordre dans lequel les pompes et autres instrumens seront mis en mouvement, et enfin la composition des corps de réserve.

Une nouvelle délibération de l'administration municipale, du 24 Nivôse de l'an VII (13 Janvier 1798), a modifié une partie des mesures prescrites par celle dont nous venons de parler ; elle paraît avoir été déterminée par la considération que c'est de l'intelligente distribution des secours, plutôt que de leur multiplicité, qu'on doit attendre d'heureux succès.

Cette nouvelle délibération fixe au nombre de huit les dépôts des pompes, en assignant trois clefs pour chacun : l'une, entre les mains du chef du dépôt ; la seconde, chez le commissaire de police de l'arrondissement, et la troisième, au corps-de-garde national ou militaire le plus voisin.

Elle institue deux cent quarante pompiers, qu'elle répartit entre les huit dépôts.

Elle règle un salaire fixe et annuel de six francs pour chaque pompier, et une indemnité d'un franc cinquante centimes pour leur action à chaque incendie. Elle accorde un traitement annuel de quarante-huit francs à chaque chef de dépôt, et institue un inspecteur général de tous les dépôts au traitement annuel de deux cents francs.

Elle porte au nombre de six les ramoneurs

jurés qui devront se rendre au feu avec leurs garçons, et leur accorde à chacun un traitement annuel de vingt-quatre francs.

Elle détermine également, et dans les mêmes proportions, le salaire des charpentiers, maçons, puiseurs d'eau, porteurs de tendelins et baquetiers.

Elle accorde douze francs par an aux maîtres brasseurs, bouchers et tonneliers, pour la direction à donner à leurs garçons.

Elle réserve à l'Administration municipale le choix d'un certain nombre de citoyens pour recevoir les effets de la maison incendiée, et en soigner le transport pour être mis en sûreté.

Les instructions précédentes sur le service en cas d'incendie sont renouvelées, à la vérité d'une manière plus propre à prévenir le désordre, mais sans en altérer l'organisation principale.

Les mêmes mesures sont prescrites pour la construction des maîtres-murs et pignons, pour celle des cheminées et de tous autres établissemens où l'on fait du feu.

Beaucoup de maîtres maçons et de charpentiers s'étant nouvellement établis à Strasbourg, le maire fit réimprimer, le 4 Germinal

an X (25 Mars 1802), les titres de la délibération du 22 Nivôse an VII, en ce qui concerne
la police des constructions de murs, cheminées
et lieux où l'on fait du feu, et en prescrivit la
sévère exécution.

Un arrêté de la mairie, du 31 Décembre
1810, consacra l'exécution de la plupart des
mesures précédemment ordonnées, et désigna
nominativement les agens supérieurs chargés
de surveiller la police à suivre en cas d'incendie. Il voulut que la direction principale de
l'administration des secours et de la police au
feu fût exercée par l'adjoint du maire délégué
à la police (M. OEsinger), et l'adjoint délégué
aux travaux publics (M. Brunck).

Il exigea la présence au feu de l'architecte
de la ville (M. Bérigni, ingénieur en chef du
département); et pour le seconder, celle des
chefs de bureaux des travaux publics et de la
police (MM. Lienhard et Engelhard), ainsi
que de l'inspecteur de la police et de tous ses
subordonnés.

Cet arrêté désigne nominativement tous les
chefs des dépôts de pompes, et affecte chacun
de ces dépôts à la première ou à la seconde
division de la ville.

Il commet spécialement pour l'administration des secours, en les désignant par leurs
noms, les chefs des charpentiers et maçons,
assignant au premier dix garçons charpentiers,
et autant de garçons maçons au second.

Il établit quarante-quatre puiseurs d'eau
attitrés, qu'il place sous la direction de trois
chefs.

Après d'autres dispositions déjà réglées précédemment, il veut que les citoyens formant
le corps de confiance chargé de sauver les effets
menacés par l'incendie portent une écharpe
rouge au bras, et il leur donne pour chefs,
M. Hirschel, marchand poissonnier, et M.
Ehrmann, graveur, tous deux conseillers municipaux.

Pour encourager le zèle des pompiers, l'arrêté assure une gratification de trente francs
à la première pompe arrivant à l'incendie, et
de vingt francs à la seconde.

Un dernier arrêté de la mairie, du 11 Novembre 1811, est exclusivement propre à la
police des constructions et du ramonage : il
ne présente aucunes mesures nouvelles ; il
retrace les anciennes, en prescrit la sévère
exécution, et ordonne que les commissaires de

police procèdent à la vérification de tous les établissemens à feu existans, pour se faire représenter les permissions en vertu desquelles ils ont été établis, constater si les conditions imposées ont été observées, et dans quel état de réparation les foyers de ces ateliers se trouvent.

Nous avons offert le complément des diverses dispositions encore existantes sur la police des incendies : elles devaient prévenir le retour des affreux désastres dont notre ville avait eu à souffrir dans les temps passés, et elles ont parfaitement répondu à l'attente de nos devanciers; leur sagesse a mis à couvert les temps où nous vivons. Depuis neuf ans que nous avons l'honneur d'administrer cette ville, nous n'avons vu que deux ou trois incendies, et aucun n'a étendu ses ravages au-delà de son foyer. Nous sommes loin de nous enorgueillir de cet état des choses, et nous répèterons avec ceux qui nous ont précédé : *Puisse la divine Providence nous préserver d'incendies.*

TABLE.

www.ingramcontent.com/pod-product-compliance
Lightning Source LLC
Chambersburg PA
CBHW071952090426
42740CB00011B/1917